한권 한달 완성
중국어 말하기
Lv. 1

한권 한달 완성
중국어 말하기 Lv. 1

초판 1쇄 발행 2026년 3월 31일

지은이 시원스쿨어학연구소
펴낸곳 (주)골드앤에스
펴낸이 양홍걸

홈페이지 china.siwonschool.com
주소 서울시 영등포구 영신로 166 시원스쿨
교재 구입 문의 02)2014-8151
고객센터 02)6409-0878

ISBN 979-11-94687-55-9 13720
Number 1-410201-31319920-06

한권 한달 완성
중국어 말하기 Lv. 1

시원스쿨어학연구소 지음

SIWON
SCHOOL
CHINESE

목차

이 책의 구성

중국어 발음의 기본기를 다져요!

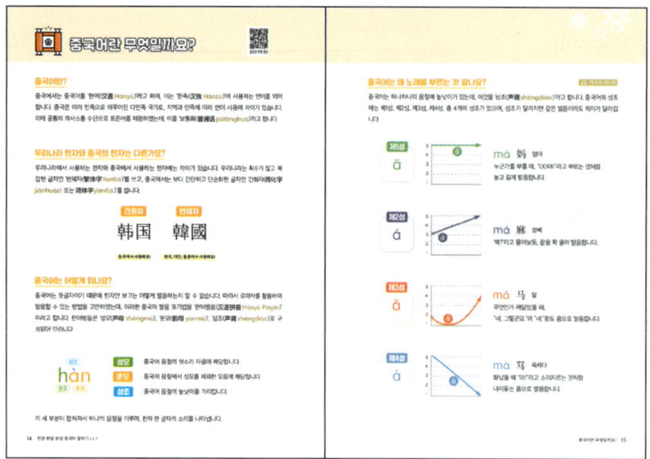

성조, 운모, 성모 등 중국어 발음의 가장 기본이 되는 요소들을 체계적으로 학습하여 탄탄한 기초를 다질 수 있습니다.

각 과의 주요 단어를 미리 만나 봐요!

기초 학습자가 꼭 알아야 할 주요 단어를 보기 쉽게 정리하였으며, 제공되는 음원을 듣고 따라 말하다 보면 억지로 외우지 않아도 자연스럽게 외울 수 있습니다.

핵심 문법의 개념을 확실하게 다져요!

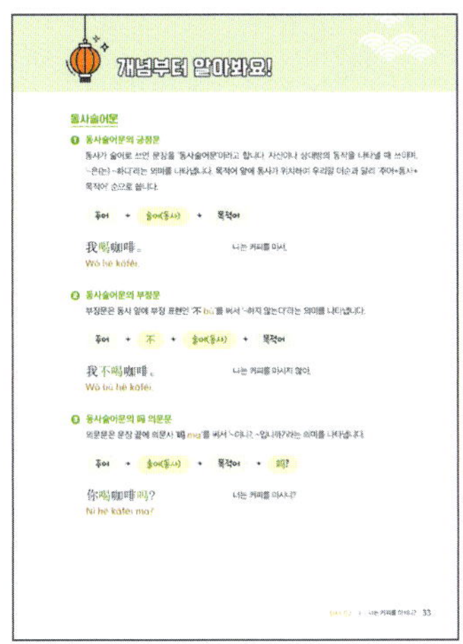

1. 중국어에서 반드시 알아야 할 핵심 문법을 도식화하여 정리함으로써, 주요 문법을 빠르게 이해할 수 있습니다.

2. 개념을 쉽게 이해할 수 있도록 정확한 설명을 덧붙여, 각 문법의 쓰임을 명확히 파악할 수 있습니다.

문장을 반복해서 따라 말하며 중국어를 익혀요!

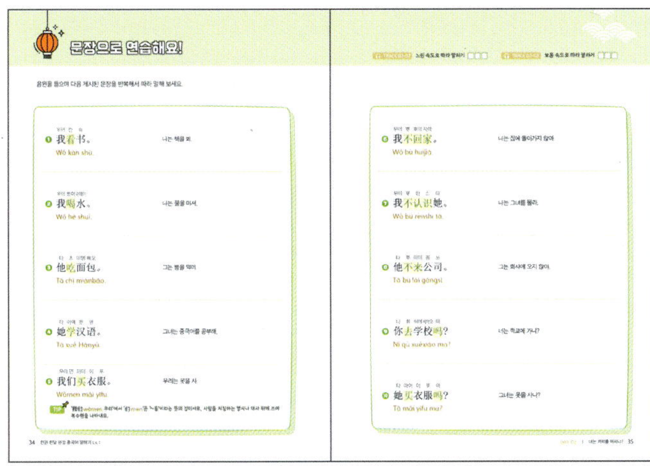

1. 앞에서 학습한 문법을 다양한 예문으로 반복해서 말하며, 실제 상황에서의 쓰임을 자연스럽게 익힐 수 있습니다.

2. '느린 속도'와 '보통 속도' 두 가지 음원을 제공하여 학습자 수준에 맞는 음원을 선택해 학습할 수 있습니다.

일상 회화문을 통해 말하기 실력을 키워요!

1. 실생활에서 자주 접하는 주제의 대화문으로 구성하여, 중국인의 표현 방식을 익히고 자연스러운 중국어를 구사할 수 있습니다.

2. 대화 내용과 관련된 추가 표현을 간략하게 소개하여 학습에 대한 이해도를 더욱 높였습니다.

연습 문제로 배운 내용을 복습해요!

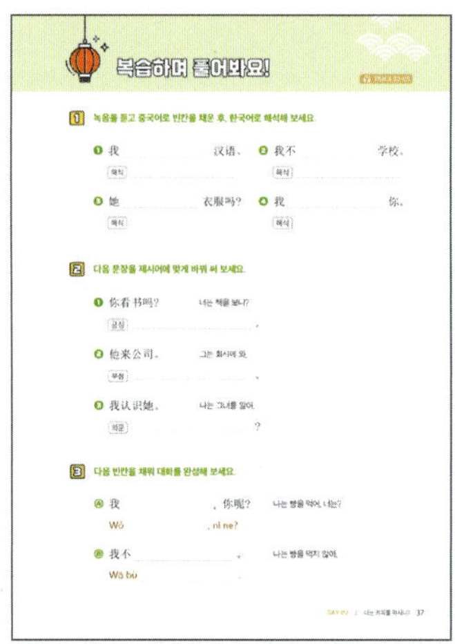

듣기, 쓰기, 읽기 등 다양한 연습 문제를 통해 배운 내용을 체계적으로 복습할 수 있습니다.

획순에 맞게 단어를 쓰며 연습해요!

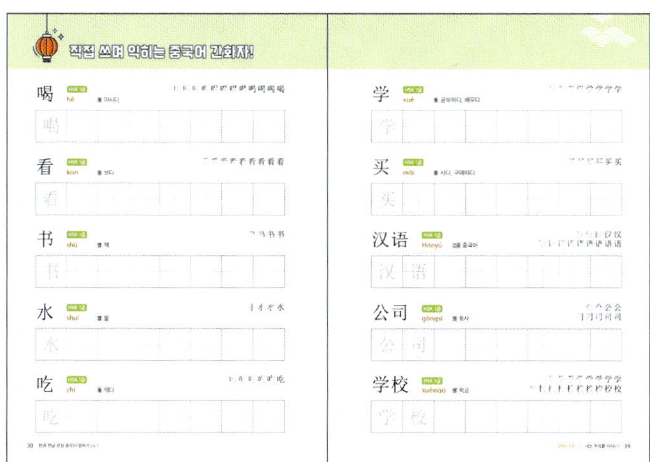

각 과의 핵심 단어를 올바른 획순에 따라 직접 써 보며, 한자의 형태와 쓰임을 자연스럽게 익힐 수 있습니다.

일러두기

❶ 품사 약어표

품사명	약어	품사명	약어	품사명	약어	품사명	약어
명사	명	개사	개	접두사	접두	지시대사	대
동사	동	양사	양	접미사	접미	어기조사	조
형용사	형	조동사	조동	고유명사	고유	동태조사	조
수사	수	접속사	접	인칭대사	대	구조조사	조
부사	부	감탄사	감탄	의문대사	대	수량사	수량

❷ 중국어 입문자가 보다 쉽게 중국어 글자에 익숙해질 수 있도록 한글 발음을 제시했습니다. 한글 발음은 최대한 중국어 발음에 가깝게 표기했습니다.

학습에 도움을 주는 부가 자료

MP3 및 문장 몰아보기 영상

◎ 원어민의 정확한 발음을 들으며 문장을 따라 말해 볼 수 있습니다. 음원은 시원스쿨중국어 홈페이지 > 학습 지원센터 > 공부자료실에서 다운로드 받거나 매 과에 있는 QR 코드를 스캔하여 이용할 수 있습니다. 또한 언제, 어디서든 보고 듣고 따라 연습할 수 있도록 도서의 주요 문장을 담은 몰아보기 영상을 제공합니다.

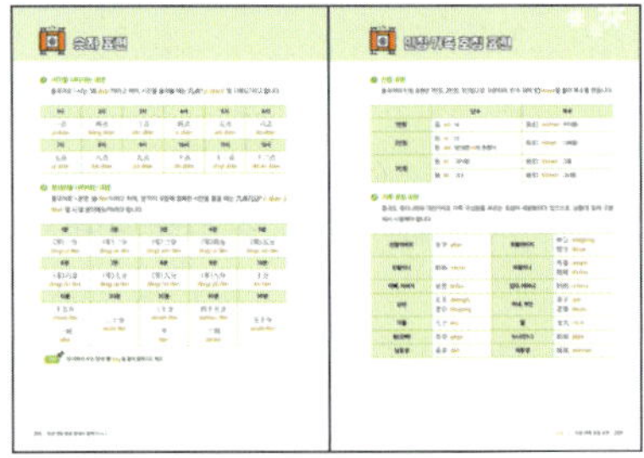

숫자·인칭·호칭 표현

◎ 시간, 월·일, 화폐 단위, 인칭·호칭 표현 등 중국어 학습에 도움이 되는 추가 내용을 함께 수록하였습니다.

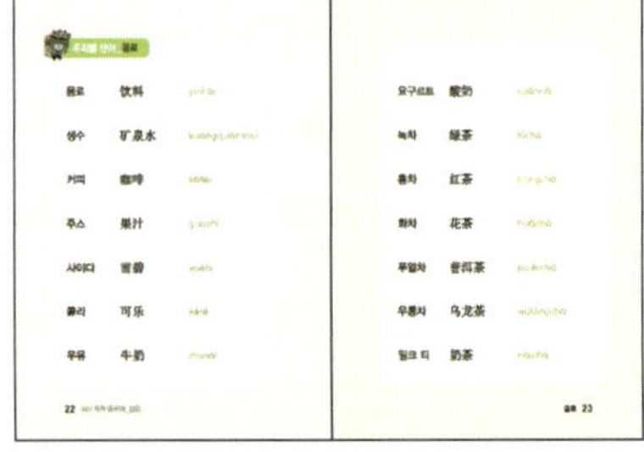

주제별 단어

◎ 일상에서 가장 많이 쓰이는 표현을 테마별로 한눈에 보기 쉽게 정리하였습니다.

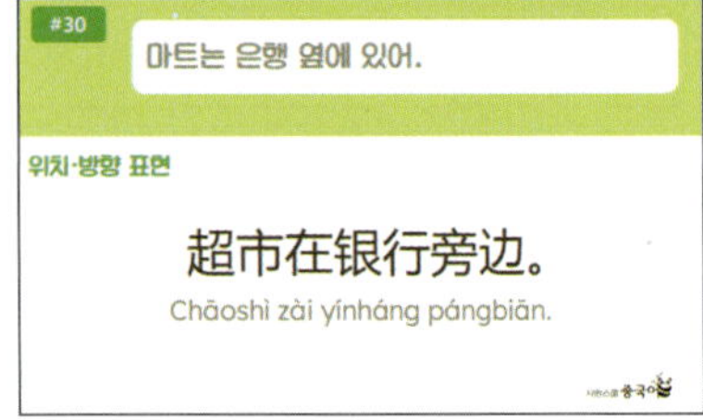

기초 표현 TOP 50

◎ 일상에서 유용하게 쓰이는 표현 50가지를 10개의 주제로 분류해 정리하였습니다. 또한 효율적으로 학습할 수 있도록 유튜브 채널에서 '한권 한달 완성 중국어 말하기 기초 표현'을 검색해 관련 동영상을 시청하실 수 있습니다.

주제별 단어 PDF 및 기초 표현 TOP 50 PDF는 시원스쿨중국어 홈페이지 > 학습지원센터 > 공부자료실에서 다운로드하실 수 있습니다.

30일 완성 학습 플래너

DAY	UNIT	제목	주요 학습 내용	학습 날짜
1일	01	**哈喽, 你最近好吗?** 안녕, 너는 요즘 잘 지내니?	**문법1** 형용사술어문의 긍정문 **문법2** 형용사술어문의 부정문 **문법3** 형용사술어문의 의문문	__월 __일
2일	02	**你喝咖啡吗?** 너는 커피를 마시니?	**문법1** 동사술어문의 긍정문 **문법2** 동사술어문의 부정문 **문법3** 동사술어문의 의문문	__월 __일
3일	03	**我是上班族。** 나는 직장인이야.	**문법1** 是자문의 긍정문 **문법2** 是자문의 부정문 **문법3** 是자문의 의문문	__월 __일
4일	04	**这是什么?** 이것은 무엇이니?	**문법1** 가까운 것을 가리키는 这 **문법2** 멀리 있는 것을 가리키는 那 **문법3** 장소를 가리키는 这儿/那儿	__월 __일
5일	05	**这是她的卡。** 이것은 그녀의 카드야.	**문법1** 구조조사 的의 위치 **문법2** 구조조사 的 생략하기 **문법3** 구조조사 的의 다양한 쓰임	__월 __일
6일	06	**你有充电器吗?** 너는 충전기가 있니?	**문법1** 有자문의 긍정문 **문법2** 有자문의 부정문 **문법3** 有자문의 의문문	__월 __일
7일	07	**这家店在市中心。** 이 가게는 시내에 있어.	**문법1** 在자문의 긍정문 **문법2** 在자문의 부정문 **문법3** 哪儿 의문문	__월 __일
8일	08	**你去不去食堂?** 너는 식당에 가니, 안 가니?	**문법1** 동사를 활용한 정반의문문 **문법2** 형용사를 활용한 정반의문문 **문법3** 是/有/在를 활용한 정반의문문	__월 __일
9일	09	**水洗还是干洗?** 물세탁인가요, 아니면 드라이클리닝인가요?	**문법1** 선택의문문 还是의 위치 **문법2** 还是 뒤에 술어를 생략하는 경우	__월 __일
10일	10	**你家有几个孩子?** 당신의 집에는 아이가 몇 명 있나요?	**문법1** 수사의 개념 **문법2** 양사의 개념 및 종류	__월 __일

DAY	UNIT	제목	주요 학습 내용	학습 날짜
21일	21	**我送妈妈一套化妆品。** 저는 엄마에게 화장품 세트를 선물해요.	**문법1** 이중목적어 동사의 기본 문장 구조 **문법2** 이중목적어를 가지는 동사의 종류 **문법3** 이중목적어 동사의 부정문	___월 ___일
22일	22	**我觉得很适合你。** 나는 너한테 잘 어울린다고 생각해.	**문법1** 觉得의 기본 문장 구조 **문법2** 觉得의 부정문 **문법3** 觉得의 의문문	___월 ___일
23일	23	**我打算学游泳。** 나는 수영을 배울 계획이야.	**문법1** 打算의 기본 문장 구조 **문법2** 打算의 부정문 **문법3** 打算의 의문문	___월 ___일
24일	24	**我想去香港旅行。** 나는 홍콩으로 여행 가고 싶어.	**문법1** 想의 기본 문장 구조 **문법2** 想의 부정문 **문법3** 想의 의문문	___월 ___일
25일	25	**能用微信支付吗?** 위챗 페이를 쓸 수 있나요?	**문법1** 能의 기본 문장 구조 **문법2** 能의 부정문 **문법3** 能의 의문문	___월 ___일
26일	26	**我下午可以请假吗?** 저 오후에 반차 내도 되나요?	**문법1** 可以의 기본 문장 구조 **문법2** 可以의 부정문 **문법3** 可以의 의문문	___월 ___일
27일	27	**你会滑雪吗?** 너는 스키 탈 줄 아니?	**문법1** 会의 기본 문장 구조 **문법2** 会의 부정문 **문법3** 会의 의문문	___월 ___일
28일	28	**不应该浪费钱。** 돈을 낭비하면 안 돼.	**문법1** 应该의 기본 문장 구조 **문법2** 应该의 부정문 **문법3** 应该의 의문문	___월 ___일
29일	29	**我也要点赞。** 나도 '좋아요'를 누를래.	**문법1** 要의 기본 문장 구조 **문법2** 要의 부정문 **문법3** 要의 의문문	___월 ___일
30일	30	**您得少喝酒, 多休息。** 술을 적게 마시고, 많이 쉬어야 해요.	**문법1** 得의 기본 문장 구조 **문법2** 得의 부정문 **문법3** 得의 의문문	___월 ___일

중국어란 무엇일까요?

중국어란?

중국에서는 중국어를 '한어(汉语 Hànyǔ)'라고 하며, 이는 '한족(汉族 Hànzú)'이 사용하는 언어를 의미합니다. 중국은 여러 민족으로 이루어진 다민족 국가로, 지역과 민족에 따라 언어 사용에 차이가 있습니다. 이에 공통의 의사소통 수단으로 표준어를 제정하였는데, 이를 '보통화(普通话 pǔtōnghuà)'라고 합니다.

우리나라 한자와 중국의 한자는 다른가요?

우리나라에서 사용하는 한자와 중국에서 사용하는 한지에는 차이가 있습니다. 우리나라는 획수가 많고 복잡한 글자인 '번체자(繁体字 fántǐzì)'를 쓰고, 중국에서는 보다 간단하고 단순화한 글자인 '간화자(简化字 jiǎnhuàzì 또는 简体字 jiǎntǐzì)'를 씁니다.

중국어는 어떻게 읽나요?

중국어는 뜻글자이기 때문에 한자만 보고는 어떻게 발음하는지 알 수 없습니다. 따라서 로마자를 활용하여 발음할 수 있는 방법을 고안하였는데, 이러한 중국어 발음 표기법을 '한어병음(汉语拼音 Hànyǔ Pīnyīn)'이라고 합니다. 한어병음은 '성모(声母 shēngmǔ)', '운모(韵母 yùnmǔ)', '성조(声调 shēngdiào)'로 구성되어 있습니다.

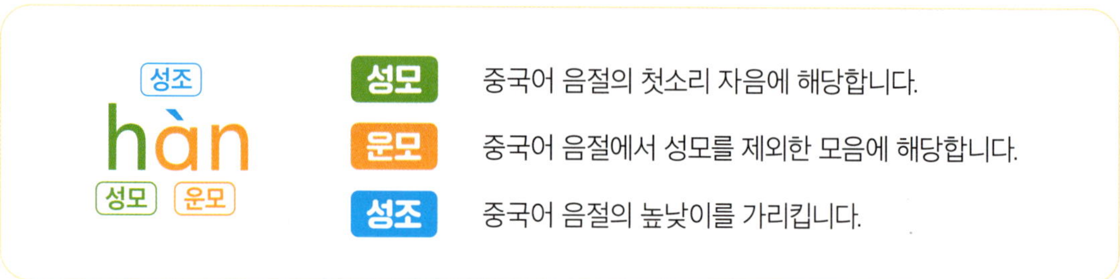

이 세 부분이 합쳐져서 하나의 음절을 이루며, 한자 한 글자의 소리를 나타냅니다.

중국어는 왜 노래를 부르는 것 같나요?

중국어는 하나하나의 음절에 높낮이가 있는데, 이것을 '성조(声调 shēngdiào)'라고 합니다. 중국어의 성조에는 제1성, 제2성, 제3성, 제4성, 총 4개의 성조가 있으며, 성조가 달라지면 같은 발음이라도 의미가 달라집니다.

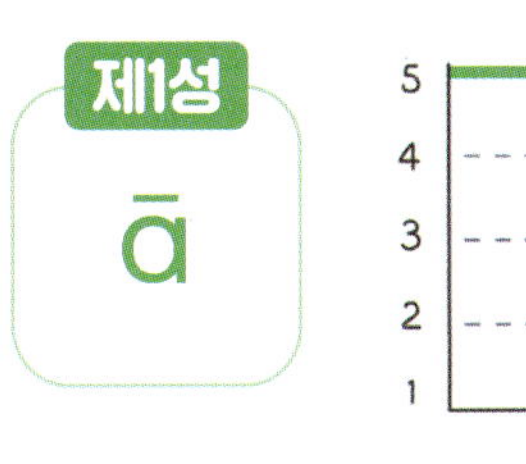
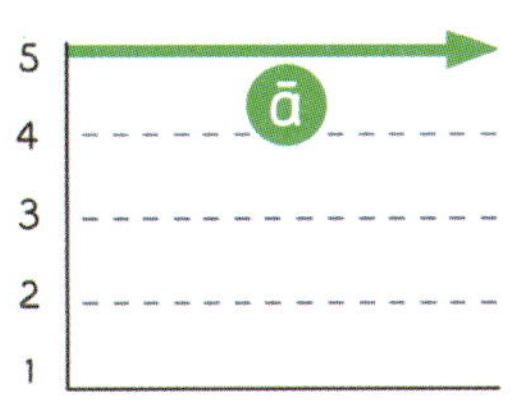

mā 妈 엄마

누군가를 부를 때, "OO야!"라고 부르는 것처럼
높고 길게 발음합니다.

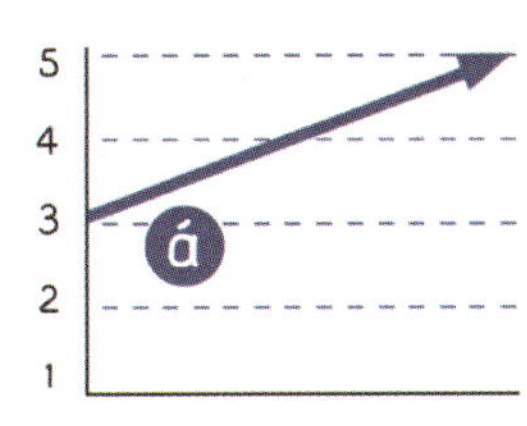

má 麻 삼베

'왜?'라고 물어보듯, 끝을 확 올려 발음합니다.

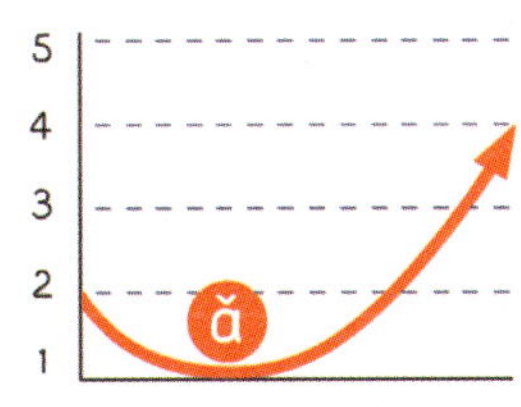

mǎ 马 말

무엇인가 깨달았을 때,
"네, 그렇군요."의 "네."정도 음으로 발음합니다.

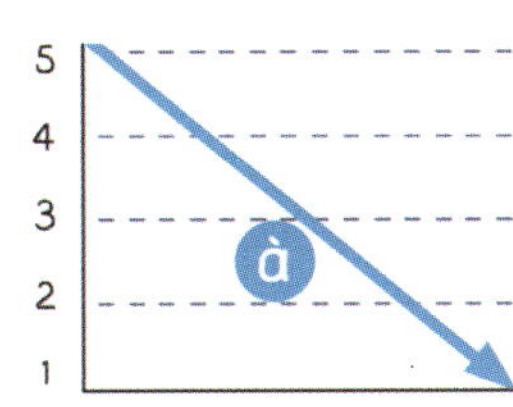

mà 骂 욕하다

화났을 때 "야!"라고 소리지르는 것처럼
내리꽂는 음으로 발음합니다.

중국어 음절에서 첫머리에 나오는 자음을 제외한 나머지 부분을 운모(韵母 yùnmǔ)라고 하며, 6개의 기본 운모(단운모)가 있습니다.

a 아 — 입을 크게 벌리고, '아'하고 발음합니다.

o 오~어 — 입을 반쯤 벌리고 둥글게 오므려 '오어'와 비슷하게 발음합니다.

e 으~어 — 입을 반쯤 벌리고 '으어'를 자연스럽게 이어서 발음합니다.

i 이 — 입은 조금 벌리고 입술을 옆으로 쫙 벌려 '이'하고 발음합니다.

u 우 — 입술을 둥글게 한 뒤 '우'하고 발음합니다.

ü 위 — '위'하고 발음한 뒤, 발음이 끝날 때까지 입 모양을 둥글게 유지합니다.

중국어의 성모란 무엇인가요?

중국어 음절의 첫머리에 오는 자음을 성모(声母 shēngmǔ)라고 하며, 모두 21개가 있습니다.

b	p	m
뽀어	포어	모어

f
포어

+ o

❶ 결합되는 운모 '-i'는 [이]가
  아니라 [으]로 발음해요.
❷ 한글 유사음 위의 ~ 표시는
  혀를 마는 발음(zh, ch,
  sh, r)을 나타내요.

d	t	n	l
뜨어	트어	느어	르어

g	k	h
끄어	크어	흐어

+ e

j	q	x
지	치	씨

zh	ch	sh	r
쯔	츠	스	르

z	c	s
쯔	츠	쓰

+ i

둘 이상의 운모가 결합하여 이루어진 운모를 결합 운모라고 합니다.

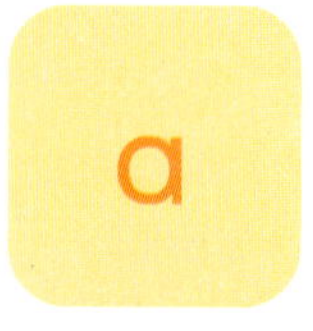

ai	**ao**	**an**	**ang**
아이	아오	안	앙

ou	**ong**
어우	웅

ei	**en**	**eng**	**er**
에이	언	엉	얼

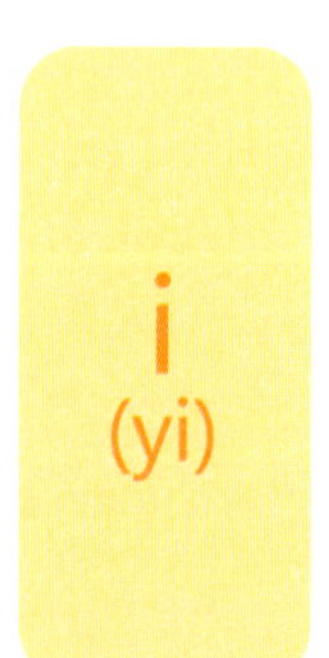

ia (ya)	**ie** (ye)	**iao** (yao)	**iou** (you)	**ian** (yan)
이아	이에	이아오	이어우	이앤

in (yin)	**iang** (yang)	**ing** (ying)	**iong** (yong)
인	이앙	잉	이웅

TIP
❶ i 운모가 단독으로 올 때는 yi로 표기해요.
❷ ( ) 안의 발음 표기는 성모 없이 운모만으로 발음될 때의 표기법이에요.

u
(wu)

| ua
(wa)
우아 | uo
(wo)
우오 | uai
(wai)
우아이 | uei
(wei)
우에이 |

| uan
(wan)
우안 | uen
(wen)
우언 | uang
(wang)
우앙 | ueng
(weng)
우엉 |

 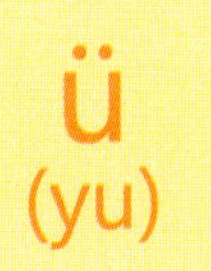 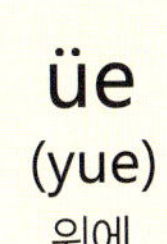  TIP u 운모가 단독으로 올 때는 wu로 표기해요.

ü
(yu)

| üe
(yue)
위에 | üan
(yuan)
위앤 | ün
(yun)
윈 |

TIP ü 운모가 단독으로 올 때는 yu로 표기해요.

중국어의 성조 변화란?

제3성의 성조가 연속으로 나올 경우 앞의 제3성은 제2성으로 읽습니다. 단, 성조 표기는 그대로 제3성으로 합니다.

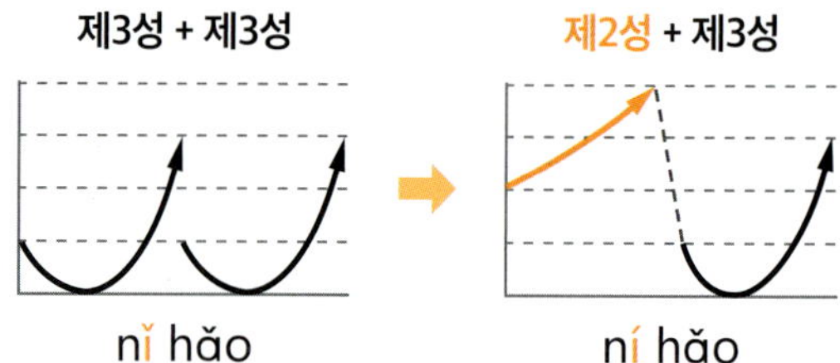

반3성이란?

제3성 뒤에 제1성, 제2성, 제4성, 경성이 오면 앞의 제3성은 발음하기 쉽도록 반3성으로 읽습니다. 단, 성조 표기는 그대로 제3성으로 합니다.

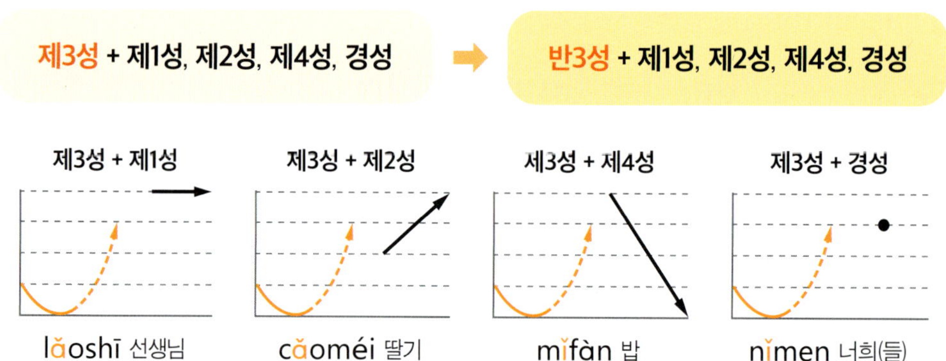

경성이란?

경성은 본래의 성조 대신 짧고 가볍게 발음하는 성조를 말합니다. 경성은 앞 음절의 성조에 따라 높낮이가 변하며, 성조 표기를 하지 않습니다.

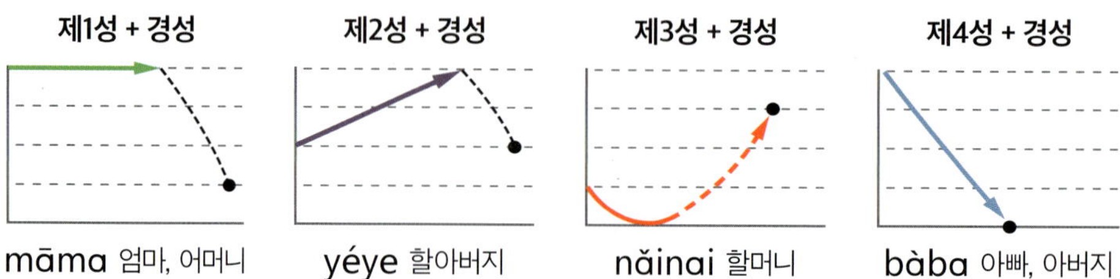

不의 성조 변화란?

◉ '不 bù'는 뒤에 제1성, 제2성, 제3성이 오면 원래 성조인 제4성으로 발음합니다.

제1성 bù gāo 높지 않다   제2성 bù máng 바쁘지 않다   제3성 bù lěng 춥지 않다

◉ '不 bù'는 원래 제4성이지만, 뒤에 제4성이 오면 제2성 'bú'로 발음합니다.

제4성 bù qù → bú qù 가지 않다 | bù là → bú là 맵지 않다

一의 성조 변화란?

◉ '一 yī'는 원래 제1성이지만, 뒤에 제1성, 제2성, 제3성이 오면 제4성 'yì'로 발음합니다.

제1성 yī tiān → yì tiān 하루   제2성 yīzhí → yìzhí 줄곧, 곧바로   제3성 yīqǐ → yìqǐ 함께, 같이

◉ '一 yī' 뒤에 제4성, 경성이 오면 제2성 'yí'로 발음합니다.

제4성 yīdìng → yídìng 반드시, 꼭   경성 yī ge → yí ge 한 개

중국어의 성조 표기 규칙이란?

◉ 성조 표시는 a, o, e, i, u, ü 모음 위에 합니다.

ài   wǒ   tè   nǐ   shū   iǚ

◉ 모음이 두 개 이상일 경우 입이 더 크게 벌어지는 운모에 성조를 표기합니다. 단 i, u와 함께 있는 경우 뒤에 있는 모음 위에 성조를 표기합니다.

a > o, e > i, u, ü

hǎo   zuò   xiě   huí   jiǔ   lüè

◉ 운모 i에 성조를 표기할 경우에는 i 위의 점은 생략합니다.

qī   xǐ   nín

◉ j, q, x 뒤에 ü가 올 경우 ü 의 두 점을 생략합니다.

j + ü = ju   q + ü = qu   x + üe = xue

중국어의 어순

중국어의 기본 어순은 '주어+술어+목적어'이며, '주어+목적어+술어' 구조인 우리말과 다릅니다.

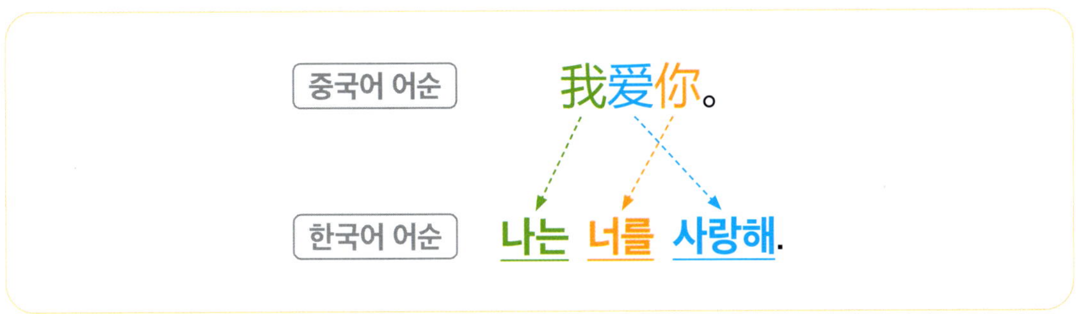

중국어 숫자 표현

안녕, 너는 요즘 잘 지내니?

哈喽, 你最近好吗?

Hālou, Nǐ zuìjìn hǎo ma?

UNIT 01 전체 음원

📖 학습 내용을 미리 살펴봐요!

일상생활에서 '나는 바빠', '너는 요즘 잘 지내니?'와 같은 표현을 많이 사용하죠? 이처럼 사람이나 사물의 상태를 묻고 답할 때 '형용사술어문'을 사용합니다. 이번 과에서는 다양한 형용사 표현부터 기본적인 인사말과 상대방의 안부를 묻는 표현까지 함께 학습해 봅시다.

📖 주요 단어를 미리 확인해요!

🎧 TRACK 01-01

我 wǒ 때 나, 저	很 hěn 튀 매우, 아주	忙 máng 형 바쁘다	不 bù 튀 ~하지 않다, ~이(가) 아니다
你 nǐ 때 너, 당신	吗 ma 조 ~이니? ~입니까?	好 hǎo 형 좋다, 안녕하다	饿 è 형 배고프다
热 rè 형 덥다, 뜨겁다	他/她 tā/tā 때 그/그녀	累 lèi 형 피곤하다	天气 tiānqì 명 날씨
困 kùn 형 졸리다	渴 kě 형 목마르다	高 gāo 형 (키가) 크다, 높다	帅 shuài 형 잘생기다

형용사술어문

❶ 형용사술어문의 긍정문

형용사가 술어로 쓰인 문장을 '형용사술어문'이라고 합니다. '사람이나 사물이 어떠하다'라고 묘사할 때 쓰이며, '~은(는) ~하다'라는 의미를 나타냅니다. 일반적으로 형용사 앞에 '매우'라는 의미를 나타내는 '很 hěn'을 붙이는데, 이는 중국인이 습관적으로 사용하는 것이므로 우리말로는 해석하지 않아도 됩니다.

我很忙。　　　　　　　　　나는 바빠.
Wǒ hěn máng.

❷ 형용사술어문의 부정문

부정문은 형용사 앞에 부정 표현인 '不 bù'를 써서 '~하지 않다', '~이(가) 아니다'라는 의미를 나타냅니다.

我不忙。　　　　　　　　　나는 바쁘지 않아.
Wǒ bù máng.

❸ 형용사술어문의 吗 의문문

의문문은 문장 끝에 의문사 '吗 ma'를 써서 '~이니?, ~입니까?'라는 의미를 나타냅니다. 이때 평서문에 쓰였던 '很 hěn'은 의문문에서는 쓰지 않습니다.

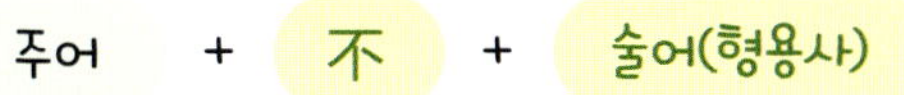

你忙吗?　　　　　　　　　너는 바쁘니?
Nǐ máng ma?

문장으로 연습해요!

음원을 들으며 다음 제시된 문장을 반복해서 따라 말해 보세요.

① 우어 헌 하오
我很好。
Wǒ hěn hǎo.
나는 좋아.(나는 잘 지내.)

② 우어 헌 으어
我很饿。
Wǒ hěn è.
나는 배고파.

③ 우어 헌 르어
我很热。
Wǒ hěn rè.
나는 더워.

④ 타 헌 레이
他很累。
Tā hěn lèi.
그는 피곤해.

⑤ 티엔 치 헌 하오
天气很好。
Tiānqì hěn hǎo.
날씨가 좋아.

우어 부 쿤
6 我**不困**。　　　　　　　나는 졸리지 않아.
Wǒ bú kùn.

TIP '不 bù'는 뒤에 오는 단어의 성조가 제4성이면 제2성으로 발음해요.

우어 뿌 크어
7 我**不渴**。　　　　　　　나는 목마르지 않아.
Wǒ bù kě.

타 뿌 까오
8 她**不高**。　　　　　　　그녀는 (키가) 크지 않아.
Tā bù gāo.

타 슈아이 마
9 他**帅吗**?　　　　　　　그는 잘생겼니?
Tā shuài ma?

티엔 치 르어 마
10 天气**热吗**?　　　　　　　날씨가 덥니?
Tiānqì rè ma?

실전처럼 말해봐요!

김은지 哈喽，王维!
Hālou, Wáng Wéi!

왕웨이 嗨，恩智，好久不见!
Hāi, Ēnzhì, hǎojiǔ bújiàn!

김은지 你最近好吗?
Nǐ zuìjìn hǎo ma?

왕웨이 嗯，我很好。
Èng, wǒ hěn hǎo.

새 단어

- 哈喽 hālou 안녕, 헬로우(Hello)
- 王维 Wáng Wéi [고유] 왕웨이 [인명]
- 嗨 hāi 안녕, 하이(Hi)
- 恩智 Ēnzhì [고유] 은지[인명]
- 好久 hǎojiǔ [형] 오랫동안
- 不见 bújiàn [동] 보지 않다
- 最近 zuìjìn [명] 요즘, 최근
- 嗯 èng [감탄] 응, 그래[대답하거나 긍정·동의를 나타냄]

TIP

'안녕'은 '你好 nǐ hǎo'라는 표현 외에도 '哈喽 hālou', '嗨 hāi'라는 표현이 자주 쓰여요. 처음 만나거나 공식적인 자리에서는 '你好'를, 친근한 사이에는 '哈喽'나 '嗨'를 사용해요.

🎙️ 한국어 뜻만 보고, 중국어로 말하는 연습을 해 보세요!

김은지 안녕, 왕웨이!

왕웨이 안녕, 은지야, 오랜만이야!

김은지 너는 요즘 잘 지내니?

왕웨이 응, 나는 잘 지내.

💡 중국어 더 알아봐요! 중국어의 다양한 인사 표현

- 好久不见! Hǎojiǔ bújiàn! 오랜만이야!(누군가를 오랜만에 만났을 때 쓰는 표현)
- 你好吗? Nǐ hǎo ma? 너는 잘 지내니?(서로 알고 지내는 사이끼리 가볍게 안부를 물을 때 쓰는 표현)
- 你最近忙吗? Nǐ zuìjìn máng ma? 너는 요즘 바쁘니?(오랜만에 만나 안부를 물을 때 쓰는 표현)
- 认识你很高兴。 Rènshi nǐ hěn gāoxìng. 당신을 알게 돼서 기뻐요.(상대방을 처음 만났을 때 쓰는 표현)

- 认识 rènshi [동] 알다, 인식하다

복습하며 풀어봐요!

1 녹음을 듣고 중국어로 빈칸을 채운 후, 한국어로 해석해 보세요.

❶ 我很 ＿＿＿＿＿＿＿＿＿＿＿。

해석 ＿＿＿＿＿＿＿＿＿＿＿

❷ 我不 ＿＿＿＿＿＿＿＿＿＿＿。

해석 ＿＿＿＿＿＿＿＿＿＿＿

❸ 你 ＿＿＿＿＿＿＿＿ 吗?

해석 ＿＿＿＿＿＿＿＿＿＿＿

❹ ＿＿＿＿＿＿＿＿ 不见!

해석 ＿＿＿＿＿＿＿＿＿＿＿

2 다음 문장을 제시어에 맞게 바꿔 써 보세요.

❶ 天气热吗?　　날씨가 덥니?

긍정 ＿＿＿＿＿＿＿＿＿＿＿。

❷ 我很饿。　　나는 배고파.

부정 ＿＿＿＿＿＿＿＿＿＿＿。

❸ 他很高。　　그는 (키가) 커.

의문 ＿＿＿＿＿＿＿＿＿＿＿?

3 다음 빈칸을 채워 대화를 완성해 보세요.

Ⓐ 你最近 ＿＿＿ 吗?　　너는 요즘 잘 지내니?

Nǐ zuìjìn ＿＿＿ ma?

Ⓑ 我最近 ＿＿＿＿＿。　　나는 요즘 바빠.

Wǒ zuìjìn ＿＿＿＿＿.

직접 쓰며 익히는 중국어 간화자!

我
HSK 1급
wǒ 대 나, 저

很
HSK 1급
hěn 부 매우, 아주

忙
HSK 1급
máng 형 바쁘다

不
HSK 1급
bù 부 ~하지 않다, ~이(가) 아니다

你
HSK 1급
nǐ 대 너, 당신

吗

HSK 1급

ma　　图 ~이니?, ~입니까?

好

HSK 1급

hǎo　　图 좋다, 안녕하다

热

HSK 1급

rè　　图 덥다, 뜨겁다

累

HSK 2급

lèi　　图 피곤하다

饿

HSK 3급

è　　图 배고프다

UNIT 02

너는 커피를 마시니?

你喝咖啡吗?
Nǐ hē kāfēi ma?

UNIT 02 전체 음원

📖 학습 내용을 미리 살펴봐요!

'나는 책을 봐', '너는 커피를 마시니?'처럼 평상시 자주 쓰는 동작 표현이 있죠? 이처럼 자신이나 상대방의 행동을 표현할 때 '동사술어문'을 사용합니다. 이번 과에서는 다양한 동사를 활용하여 동사가 술어인 문장을 알아봅시다.

📖 주요 단어를 미리 확인해요!

喝 hē 图 마시다	咖啡 kāfēi 명 커피	看 kàn 图 보다	书 shū 명 책
水 shuǐ 명 물	吃 chī 图 먹다	面包 miànbāo 명 빵	学 xué 图 공부하다, 배우다
汉语 Hànyǔ 고유 중국어	我们 wǒmen 대 우리(들)	买 mǎi 图 사다, 구매하다	衣服 yīfu 명 옷
回家 huíjiā 图 집으로 돌아가다(오다)	来/去 lái/qù 图 오다/가다	公司 gōngsī 명 회사	学校 xuéxiào 명 학교

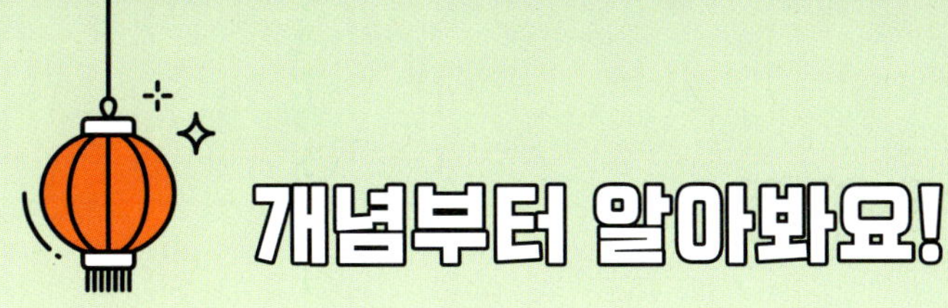

동사술어문

❶ 동사술어문의 긍정문

동사가 술어로 쓰인 문장을 '동사술어문'이라고 합니다. 자신이나 상대방의 동작을 나타낼 때 쓰이며, '~은(는) ~하다'라는 의미를 나타냅니다. 목적어 앞에 동사가 위치하여 우리말 어순과 달리 '주어+동사+목적어' 순으로 씁니다.

주어 + 술어(동사) + 목적어

我喝咖啡。　　　　　　　　　나는 커피를 마셔.
Wǒ hē kāfēi.

❷ 동사술어문의 부정문

부정문은 동사 앞에 부정 표현인 '不 bù'를 써서 '~하지 않는다'라는 의미를 나타냅니다.

주어 + 不 + 술어(동사) + 목적어

我不喝咖啡。　　　　　　　　나는 커피를 마시지 않아.
Wǒ bù hē kāfēi.

❸ 동사술어문의 吗 의문문

의문문은 문장 끝에 의문사 '吗 ma'를 써서 '~이니?, ~입니까?'라는 의미를 나타냅니다.

주어 + 술어(동사) + 목적어 + 吗?

你喝咖啡吗？　　　　　　　　너는 커피를 마시니?
Nǐ hē kāfēi ma?

문장으로 연습해요!

음원을 들으며 다음 제시된 문장을 반복해서 따라 말해 보세요.

1 我看书。
우어 칸 슈
Wǒ kàn shū.

나는 책을 봐.

2 我喝水。
우어 흐어 슈에이
Wǒ hē shuǐ.

나는 물을 마셔.

3 他吃面包。
타 츠 미엔 빠오
Tā chī miànbāo.

그는 빵을 먹어.

4 她学汉语。
타 쉬에 한 위
Tā xué Hànyǔ.

그녀는 중국어를 공부해.

5 我们买衣服。
우어 먼 마이 이 푸
Wǒmen mǎi yīfu.

우리는 옷을 사.

 **TIP** '我们 wǒmen 우리'에서 '们 men'은 '~들'이라는 뜻의 접미사로, 사람을 지칭하는 명사나 대사 뒤에 쓰여 복수형을 나타내요.

우어 뿌 후이 지아
6 我**不回家**。
Wǒ bù huíjiā.

나는 집에 돌아가지 않아.

우어 부 런 스 타
7 我**不认识**她。
Wǒ bú rènshi tā.

나는 그녀를 몰라.

타 뿌 라이 꽁 쓰
8 他**不来**公司。
Tā bù lái gōngsī.

그는 회사에 오지 않아.

니 취 쉬에씨아오 마
9 你**去**学校**吗**?
Nǐ qù xuéxiào ma?

너는 학교에 가니?

타 마이 이 푸 마
10 她**买**衣服**吗**?
Tā mǎi yīfu ma?

그녀는 옷을 사니?

실전처럼 말해봐요!

TRACK 02-04

밍밍　你喝咖啡吗?
Nǐ hē kāfēi ma?

이유진　嗯，我喝咖啡，你呢?
Èng, Wǒ hē kāfēi, nǐ ne?

밍밍　我喝奶茶，我请你。
Wǒ hē nǎichá, wǒ qǐng nǐ.

이유진　谢谢你!
Xièxie nǐ!

🎙 한국어 뜻만 보고, 중국어로 말하는 연습을 해 보세요!

밍밍　당신은 커피를 마시나요?
이유진　네, 저는 커피를 마셔요, 당신은요?
밍밍　저는 밀크티를 마실게요, 제가 살게요.
이유진　고마워요!

💡 중국어 더 알아봐요!　呢의 용법

'呢 ne'는 '~는(요)?'라는 의미의 조사로 문장 끝에 쓰여 상대방에게 같은 내용을 반복해서 묻지 않고 앞서 말한 내용을 그대로 되물어 볼 때 사용합니다.

예　我很累, 你呢? Wǒ hěn lèi, nǐ ne?　나는 피곤한데, 너는?(我很累, 你累吗?의 의미)

복습하며 풀어봐요!

1 녹음을 듣고 중국어로 빈칸을 채운 후, 한국어로 해석해 보세요.

❶ 我 ＿＿＿＿＿＿＿＿ 汉语。

해석 ＿＿＿＿＿＿＿＿＿＿

❷ 我不 ＿＿＿＿＿＿＿ 学校。

해석 ＿＿＿＿＿＿＿＿＿＿

❸ 她 ＿＿＿＿＿＿＿ 衣服吗?

해석 ＿＿＿＿＿＿＿＿＿＿

❹ 我 ＿＿＿＿＿＿＿＿ 你。

해석 ＿＿＿＿＿＿＿＿＿＿

2 다음 문장을 제시어에 맞게 바꿔 써 보세요.

❶ 你看书吗?　　　너는 책을 보니?

긍정 ＿＿＿＿＿＿＿＿＿＿＿。

❷ 他来公司。　　　그는 회사에 와.

부정 ＿＿＿＿＿＿＿＿＿＿＿。

❸ 我认识她。　　　나는 그녀를 알아.

의문 ＿＿＿＿＿＿＿＿＿＿＿?

3 다음 빈칸을 채워 대화를 완성해 보세요.

Ⓐ 我 ＿＿＿＿＿＿＿, 你呢?　　　나는 빵을 먹어, 너는?

Wǒ ＿＿＿＿＿＿＿, nǐ ne?

Ⓑ 我不 ＿＿＿＿＿＿＿＿。　　　나는 빵을 먹지 않아.

Wǎ bù ＿＿＿＿＿＿＿＿.

직접 쓰며 익히는 중국어 간화자!

喝 HSK 1급

hē 동 마시다

喝喝喝喝喝喝喝喝喝喝喝喝

看 HSK 1급

kàn 동 보다

看看看看看看看看看

书 HSK 1급

shū 명 책

书书书书

水 HSK 1급

shuǐ 명 물

水水水水

吃 HSK 1급

chī 동 먹다

吃吃吃吃吃吃

学 HSK 1급

xué   동 공부하다, 배우다

학 학 학 학 학 학 학 학

买 HSK 1급

mǎi   동 사다, 구매하다

买 买 买 买 买 买

汉语 HSK 1급

Hànyǔ   고유 중국어

汉 汉 汉 汉 汉
语 语 语 语 语 语 语 语 语

公司 HSK 1급

gōngsī   명 회사

公 公 公 公
司 司 司 司 司

学校 HSK 1급

xuéxiào   명 학교

学 学 学 学 学 学 学 学
校 校 校 校 校 校 校 校 校 校

나는 직장인이야.

我是上班族。
Wǒ shì shàngbānzú.

UNIT 03 전체 음원

📖 학습 내용을 미리 살펴봐요!

'그는 누구니?', '나는 직장인이야'처럼 자신이나 다른 사람의 신분이나 직업을 묻고 답할 때 중국어로는 '~이다'라는 뜻의 '是 shì'를 사용하여 표현합니다. 是자문을 배우고 나면 신분, 직업, 국적 등에 대해 자신을 상대방에게 소개할 수 있고 다른 사람을 소개할 때도 활용할 수 있습니다.

📘 주요 단어를 미리 확인해요!

🎧 TRACK 03-01

是 shì 동 ~이다	上班族 shàngbānzú 명 직장인	学生 xuésheng 명 학생	韩国 Hánguó 고유 한국
人 rén 명 사람	大学生 dàxuéshēng 명 대학생	医生 yīshēng 명 의사	他们 tāmen 대 그들
朋友 péngyou 명 친구	中国 Zhōngguó 고유 중국	咖啡师 kāfēishī 명 바리스타	记者 jìzhě 명 기자
老师 lǎoshī 명 선생님	谁 shéi 대 누구, 누가		

 是자문

❶ 是자문의 긍정문

是자문은 '~이다'라는 뜻의 동사 '是 shì'가 술어로 쓰인 문장을 말합니다. 주어에 대한 설명이나 판단, 강조 등의 의미를 나타냅니다.

주어 + 是 + 목적어

我是上班族。　　　　　　　　나는 직장인이야.
Wǒ shì shàngbānzú.

❷ 是자문의 부정문

부정문은 '是 shì' 앞에 '不 bù'를 써서 '不是 bú shì'라고 하며, '~이(가) 아니다'라는 의미를 나타냅니다.

주어 + 不是 + 목적어

我不是上班族。　　　　　　　나는 직장인이 아니야.
Wǒ bú shì shàngbānzú.

❸ 是자문의 吗 의문문

의문문은 문장 끝에 의문사 '吗 ma'를 써서 '~이니, ~입니까?'라는 의미를 나타냅니다.

주어 + 是 + 목적어 + 吗?

你是上班族吗?　　　　　　　너는 직장인이니?
Nǐ shì shàngbānzú ma?

문장으로 연습해요!

음원을 들으며 다음 제시된 문장을 반복해서 따라 말해 보세요.

1
우어 스 쉬에 성
我**是**学生。
Wǒ shì xuésheng.

나는 학생이야.

2
우어 스 한 구어 런
我**是**韩国人。
Wǒ shì Hánguó rén.

나는 한국인이야.

3
타 스 따 쉬에 성
他**是**大学生。
Tā shì dàxuéshēng.

그는 대학생이야.

4
타 스 이 성
她**是**医生。
Tā shì yīshēng.

그녀는 의사야.

5
타 먼 스 펑 여우
他们**是**朋友。
Tāmen shì péngyou.

그들은 친구야.

6 우어 부 스 중 구어 런
我**不是**中国人。 나는 중국인이 아니야.
Wǒ bú shì Zhōngguó rén.

7 우어 부 스 카 페이 스
我**不是**咖啡师。 나는 바리스타가 아니야.
Wǒ bú shì kāfēishī.

8 타 먼 부 스 찌 져
他们**不是**记者。 그들은 기자가 아니야.
Tāmen bú shì jìzhě.

9 타 스 라오 스 마
她**是**老师**吗**? 그녀는 선생님이니?
Tā shì lǎoshī ma?

10 타 스 셰이
他**是**谁? 그는 누구니?
Tā shì shéi?

TIP 📌 '谁 shéi'는 '누구, 누가'라는 뜻을 가진 의문대사예요. '谁'를 사용한 의문문에서는 '吗'를 함께 쓰지 않아요.

실전처럼 말해봐요!

박한나 明明，你是上班族吗？
Míngming, nǐ shì shàngbānzú ma?

밍밍 对，我是上班族。
Duì, wǒ shì shàngbānzú.

박한나 你好年轻啊！
Nǐ hǎo niánqīng a!

밍밍 你也像大学生。
Nǐ yě xiàng dàxuéshēng.

새 단어

- 明明 Míngming [고유] 밍밍[인명]
- 对 duì [형] 맞다, 옳다
- 好 hǎo [부] 진짜, 아주, 정말
- 年轻 niánqīng [형] 젊다
- 啊 a [조] 감탄이나 긍정의 어기를 나타냄
- 也 yě [부] ~도, 역시, 또한
- 像 xiàng [동] ~와/과 같다, 닮다, 비슷하다

🎙 한국어 뜻만 보고, 중국어로 말하는 연습을 해 보세요!

박한나 밍밍, 당신은 직장인이에요?
밍밍 맞아요, 저는 직장인이에요.
박한나 당신 진짜 어려 보이네요!
밍밍 당신도 대학생 같아요.

💡 중국어 더 알아봐요!　好의 용법

'好 hǎo'는 '좋다'라는 형용사적 의미 외에 '好+형용사' 형태로 쓰여 '너무 ~하다', '아주 ~하다'라는 부사적 의미로도 쓰입니다. 이 경우에는 정도가 심함을 나타내며, 감탄의 어기를 띠기도 합니다.

예　我好饿。 Wǒ hǎo è.　나 너무 배고파.

복습하며 풀어봐요!

1 녹음을 듣고 중국어로 빈칸을 채운 후, 한국어로 해석해 보세요.

❶ 我是 ＿＿＿＿＿＿＿＿＿。　　❷ 他们不是 ＿＿＿＿＿＿＿＿＿。

　해석 ＿＿＿＿＿＿＿＿＿　　해석 ＿＿＿＿＿＿＿＿＿

❸ 她是 ＿＿＿＿＿＿ 吗?　　❹ 你好 ＿＿＿＿＿＿ 啊!

　해석 ＿＿＿＿＿＿＿＿＿　　해석 ＿＿＿＿＿＿＿＿＿

2 다음 문장을 제시어에 맞게 바꿔 써 보세요.

❶ 他们是朋友吗?　　그들은 친구니?

　긍정 ＿＿＿＿＿＿＿＿＿。

❷ 我是咖啡师。　　나는 바리스타야.

　부정 ＿＿＿＿＿＿＿＿＿。

❸ 我是中国人。　　나는 중국인이야.

　의문 ＿＿＿＿＿＿＿＿＿?

3 다음 빈칸을 채워 대화를 완성해 보세요.

Ⓐ 她是 ＿＿＿＿＿?　　그녀는 누구니?

　Tā shì ＿＿＿＿＿?

Ⓑ 她是 ＿＿＿＿＿。　　그녀는 선생님이야.

　Tā shì ＿＿＿＿＿.

是

HSK 1급

shì   图 ~이다

是 是 是 是 是 是 是 是 是

人

HSK 1급

rén   명 사람

人 人

谁

HSK 1급

shéi   대 누구, 누가

谁 谁 谁 谁 谁 谁 谁 谁 谁 谁

也

HSK 1급

yě   부 ~도, 역시, 또한

也 也 也

像

HSK 3급

xiàng   图 ~와/과 같다, 닮다, 비슷하다

像 像 像 像 像 像 像 像 像 像 像 像

学生

HSK 1급

xuésheng 명 학생

学 学 学 学 学 学 学 学
生 生 生 生 生

朋友

HSK 1급

péngyou 명 친구

朋 朋 朋 朋 朋 朋 朋 朋
友 友 友 友

老师

HSK 1급

lǎoshī 명 선생님

老 老 老 老 老 老
师 师 师 师 师 师

年轻

HSK 3급

niánqīng 형 젊다

年 年 年 年 年 年
轻 轻 轻 轻 轻 轻 轻 轻 轻

医生

yīshēng 명 의사

医 医 医 医 医 医 医
生 生 生 生 生

이것은 무엇이니?

这是什么?
Zhè shì shénme?

📖 학습 내용을 미리 살펴봐요!

사물이나 장소, 방향을 가리킬 때 중국어로 어떻게 표현할까요? 이번 과에서는 '이것', '저것', '이곳', '저곳'처럼 특정 사물이나 위치를 지칭할 때 사용하는 '지시대사'에 대해 알아보려고 합니다. 이 표현을 배우고 나면 '이것은 무엇이니?', '그것은 휴대 전화야' 또는 '이곳은 회의실이야', '저곳은 화장실이야'와 같은 다양한 표현을 말할 수 있습니다.

📖 주요 단어를 미리 확인해요!

🎧 TRACK 04-01

这 zhè 때 이, 이것	手机 shǒujī 명 휴대 전화	那 nà 때 저(그), 저(그)것	这儿 zhèr 때 이곳, 여기
那儿 nàr 때 저(그)곳, 저(거)기	会议室 huìyìshì 명 회의실	外衣 wàiyī 명 코트	风扇 fēngshàn 명 선풍기
雨伞 yǔsǎn 명 우산	超市 chāoshì 명 마트, 슈퍼마켓	卫生间 wèishēngjiān 명 화장실	护照 hùzhào 명 여권
菜 cài 명 음식, 요리	咖啡厅 kāfēitīng 명 카페	厨房 chúfáng 명 주방	什么 shénme 때 무엇, 무슨

개념부터 알아봐요!

지시대사

❶ 가까운 것 가리키기

지시대사 '这 zhè'는 '이', '이것'이라는 의미로 말하는 사람을 기준으로 가까이에 있는 사람이나 사물을 가리킬 때 사용합니다.

这 + 是 + 목적어

这是手机。　　　　　　　　이것은 휴대 전화야.
Zhè shì shǒujī.

❷ 멀리 있는 것 가리키기

지시대사 '那 nà'는 '저(그)', '저(그)것'이라는 의미로 말하는 사람을 기준으로 멀리 있는 사람이나 사물을 가리킬 때 사용합니다.

那 + 是 + 목적어

那是手机。　　　　　　　　저것은 휴대 전화야.
Nà shì shǒujī.

❸ 장소 가리키기

지시대사 '这儿 zhèr'은 '이곳, 여기', '那儿 nàr'은 '저(그)곳, 저(거)기'라는 의미로 뒤에 장소를 나타내는 목적어가 놓여 특정 장소를 가리킬 때 사용합니다.

这儿/那儿 + 是 + 목적어

这儿/那儿是会议室。　　이곳/저곳은 회의실이야.
Zhèr/Nàr shì huìyìshì.

문장으로 연습해요!

음원을 들으며 다음 제시된 문장을 반복해서 따라 말해 보세요.

---

❶
쯔어 스 와이 이
这是外衣。　　　　　　　　이것은 코트야.
Zhè shì wàiyī.

---

❷
쯔어 스 펑 샨
这是风扇。　　　　　　　　이것은 선풍기야.
Zhè shì fēngshàn.

---

❸
나 스 위 산
那是雨伞。　　　　　　　　저것은 우산이야.
Nà shì yǔsǎn.

---

❹
쯔얼　스 챠오 스
这儿是超市。　　　　　　　이곳은 마트야.
Zhèr shì chāoshì.

---

❺
나얼　스 웨이 성 지엔
那儿是卫生间。　　　　　　저곳은 화장실이야.
Nàr shì wèishēngjiān.

6
쯔어 부 스 후 쟈오
这不是护照。　　　　　이것은 여권이 아니야.
Zhè bú shì hùzhào.

7
나 부 스 중 구어 차이
那不是中国菜。　　　　저것은 중국 음식이 아니야.
Nà bú shì Zhōngguó cài.

8
쯔얼 부 스 카 페이 팅
这儿不是咖啡厅。　　　이곳은 카페가 아니야.
Zhèr bú shì kāfēitīng.

9
나얼 부 스 츄 팡
那儿不是厨房。　　　　저곳은 주방이 아니야.
Nàr bú shì chúfáng.

10
쯔어 스 션 머
这是什么？　　　　　　이것은 무엇이니?
Zhè shì shénme?

 **TIP** '什么 shénme'는 '무엇, 무슨'이라는 뜻을 가진 의문대사예요. '什么'를 사용한 의문문에서는 '吗'를 함께 쓰지 않아요.

실전처럼 말해봐요!

김은지 好热啊！
Hǎo rè a!

왕웨이 来这儿！这儿不热。
Lái zhèr! Zhèr bú rè.

김은지 这是什么？
Zhè shì shénme?

왕웨이 这是风扇，很凉快。
Zhè shì fēngshàn, hěn liángkuai.

새 단어

- 凉快 liángkuai [형] 시원하다, 선선하다

🎙 한국어 뜻만 보고, 중국어로 말하는 연습을 해 보세요!

김은지 진짜 더워!
왕웨이 여기로 와! 여기는 안 더워.
김은지 이것은 무엇이니?
왕웨이 이것은 선풍기야, 시원해.

💡 중국어 더 알아봐요! 추위와 차가움의 정도를 나타내는 표현

단어	뜻	활용
凉快 liángkuai	시원하다, 선선하다	날씨가 시원할 때 사용
凉 liáng	차다, 쌀쌀하다	① 물이 차가울 때 사용 ② 날씨가 약간 쌀쌀할 때 사용
冷 lěng	차갑다, 춥다	① 물이 아주 차가울 때 사용 ② 날씨가 추울 때 사용

1 녹음을 듣고 중국어로 빈칸을 채운 후, 한국어로 해석해 보세요.

❶ 这是 ____________________ 。

해석 ____________________

❷ 这儿不是 ____________________ 。

해석 ____________________

❸ 那是 ____________________ 吗?

해석 ____________________

❹ 好 ____________________ 啊!

해석 ____________________

2 다음 문장을 제시어에 맞게 바꿔 써 보세요.

❶ 这是风扇吗? 이것은 선풍기니?

긍정 ____________________ 。

❷ 那儿是卫生间。 저곳은 화장실이야.

부정 ____________________ 。

❸ 这是手机。 이것은 휴대 전화야.

의문 ____________________ ?

3 다음 빈칸을 채워 대화를 완성해 보세요.

Ⓐ 那是 ____________________ ? 저것은 무엇이니?

Nà shì ____________________ ?

Ⓑ 那是 ____________________ 。 저것은 우산이야.

Nà shì ____________________ .

직접 쓰며 익히는 중국어 간화자!

这
HSK 1급
zhè
대 이, 이것

这这这这这这这

那
HSK 1급
nà
대 저(그), 저(그)것

那那那那那那

菜
HSK 1급
cài
명 음식, 요리

菜菜菜菜菜菜菜菜菜菜菜

手机
HSK 1급
shǒujī
명 휴대 전화

手手手手
机机机机机机

超市
HSK 1급
chāoshì
명 마트

超超超超超超超超超超超超
市市市市市

什么

HSK 1급

shénme　대 무엇, 무슨

护照

HSK 3급

hùzhào　명 여권

凉快

HSK 3급

liángkuai　형 시원하다, 선선하다

风扇

fēngshàn　명 선풍기

雨伞

yǔsǎn　명 우산

UNIT 05

이것은 그녀의 카드야.

这是她的卡。
Zhè shì tā de kǎ.

UNIT 05 전체 음원

📖 학습 내용을 미리 살펴봐요!

'나의 카드', '나의 남자 친구', '나의 것'과 같이 어떤 사람이나 사물에 대한 소유를 나타낼 때 구조조사 '的 de'를 사용하여 '~의', '~의 것'이라는 의미를 나타냅니다. 중국어에서 자주 사용되는 '的'가 문장 안에서 어떻게 활용되는지 확인해 볼까요?

📙 주요 단어를 미리 확인해요!

🎧 TRACK 05-01

的 de 조 ~의, ~의 것	卡 kǎ 명 카드	姐姐 jiějie 명 누나, 언니	辣 là 형 맵다
爸爸 bàba 명 아빠, 아버지	车 chē 명 차, 자동차	饮料 yǐnliào 명 음료	杯子 bēizi 명 컵
男朋友 nán péngyou 명 남자 친구	漂亮 piàoliang 형 예쁘다	吧 ba 조 ~이죠?	快递 kuàidì 명 택배

개념부터 알아봐요!

구조조사 的

❶ 的의 위치

구조조사 '的 de'는 주로 명사 앞에 놓여 '~의'라는 뜻을 나타내며, 단어와 단어를 연결해 주는 역할을 합니다.

我的卡　　　　　　　　　　나의 카드
wǒ de kǎ

我的手机　　　　　　　　　나의 휴대 전화
wǒ de shǒujī

❷ 的 생략하기

수식을 받는 대상이 가족이나 친구 또는 소속 단체를 나타낼 때는 구조조사 '的 de'를 생략할 수 있습니다.

我的姐姐 → 我姐姐 wǒ jiějie　　　　우리 누나(언니)
我们的公司 → 我们公司 wǒmen gōngsī　　우리 회사

❸ 的의 다양한 쓰임 알아보기

구조조사 '的 de' 뒤에 오는 명사가 문맥상 무엇을 말하는지 알 수 있을 경우 명사를 반복하지 않고 생략할 수 있으며, '~의 것', '~한 것'이라는 뜻을 나타냅니다.

Ⓐ 这是辣的菜吗?　　　　　이것은 매운 음식이니?
Zhè shì là de cài ma?

Ⓑ 这是辣的(菜)。　　　　　이것은 매운 거야.(=이것은 매운 음식이야.)
Zhè shì là de (cài).

Ⓐ에서 '菜 cài'를 언급했기 때문에 Ⓑ에서 '菜'를 반복해서 말하지 않고 생략했어요.

음원을 들으며 다음 제시된 문장을 반복해서 따라 말해 보세요.

❶ 쯔어 스 우어 더 슈
这是我**的**书。
Zhè shì wǒ de shū.

이것은 내 책이야.

❷ 쯔어 스 빠 바 더 츠어
这是爸爸**的**车。
Zhè shì bàba de chē.

이것은 아빠의 차야.

❸ 나 스 우어 더 인 리아오
那是我**的**饮料。
Nà shì wǒ de yǐnliào.

저것은 내 음료야.

❹ 나 스 타 더 이 푸
那是他**的**衣服。
Nà shì tā de yīfu.

저것은 그의 옷이야.

❺ 쯔어 부 스 우어 더 뻬이 즈
这不是我**的**杯子。
Zhè bú shì wǒ de bēizi.

이것은 내 컵이 아니야.

6 타 스 우어 더 난 펑 여우
他是我(的)男朋友。
Tā shì wǒ (de) nán péngyou.

그는 내 남자 친구야.

7 우어 더 지에 지에 헌 피아오 리앙
我(的)姐姐很漂亮。
Wǒ (de) jiějie hěn piàoliang.

우리 누나(언니)는 예뻐.

8 타 스 우어 더 하오 펑 여우
她是我(的)好朋友。
Tā shì wǒ (de) hǎo péngyou.

그녀는 내 좋은 친구야.

9 쯔어 스 니 더 카 바
这是你的卡吧?
Zhè shì nǐ de kǎ ba?

이것은 너의 카드지?

TIP 조사 '吧 ba'는 '~이죠?'라는 의미로 문장 끝에 위치해요.

10 나 스 타 더 콰이 띠 바
那是他的快递吧?
Nà shì tā de kuàidì ba?

저것은 그의 택배지?

실전처럼 말해봐요!

밍밍 这是你的卡吗?
Zhè shì nǐ de kǎ ma?

이유진 不是。
Bú shì.

밍밍 这是韩娜的名字吧?
Zhè shì Hánnà de míngzi ba?

이유진 对！这是韩娜的卡！
Duì! Zhè shì Hánnà de kǎ!

새 단어 📌
- 韩娜 Hánnà [고유] 한나[인명]
- 名字 míngzi [명] 이름

🎤 **한국어 뜻만 보고, 중국어로 말하는 연습을 해 보세요!**

밍밍 이것은 당신의 카드인가요?

이유진 아니요.

밍밍 이것은 한나의 이름이죠?

이유진 맞아요! 이것은 한나의 카드네요!

💡 **중국어 더 알아봐요!** **吧의 용법**

'吧 ba'는 '~이죠?'라는 뜻으로 추측을 나타내는 어기조사입니다. 문장 끝에 쓰여 자신이 알고 있는 정보를 상대방에게 확인차 물어볼 때 사용합니다.

예 他是你男朋友吧? Tā shì nǐ nán péngyou ba?　그 사람은 너의 남자 친구지?

복습하며 풀어봐요!

1 녹음을 듣고 중국어로 빈칸을 채운 후, 한국어로 해석해 보세요.

❶ 这是 __________________。

해석 __________________

❷ 那是 __________________。

해석 __________________

❸ 这不是 __________________。

해석 __________________

❹ 我(的)姐姐 __________________。

해석 __________________

2 다음 제시된 단어를 올바르게 배열해 보세요.

❶ 爸爸 / 这是 / 的 / 车　　　　이것은 아빠의 차야.

▶ __________________。

❷ 好 / 我(的) / 她是 / 朋友　　　그녀는 내 좋은 친구야.

▶ __________________。

❸ 你的 / 吧 / 那是 / 卡　　　　저것은 너의 카드지?

▶ __________________?

3 다음 빈칸을 채워 대화를 완성해 보세요.

Ⓐ 那是他的 __________________ 吧?　　　저것은 그의 택배지?

Nà shì tā de __________________ ba?

Ⓑ 那不是他的, __________________。　　　저것은 그의 것이 아니야, 내 거야.

Nà bú shì tā de, __________________.

직접 쓰며 익히는 중국어 간화자!

的 `HSK 1급`
de　　조 ~의, ~의 것

的 的 的 的 的 的 的 的

车 `HSK 1급`
chē　　명 차, 자동차

车 车 车 车

吧 `HSK 1급`
ba　　조 ~이죠?

吧 吧 吧 吧 吧 吧 吧

卡 `HSK 3급`
kǎ　　명 카드

卡 卡 卡 卡 卡

辣 `HSK 4급`
là　　형 맵다

辣 辣 辣 辣 辣 辣 辣 辣 辣 辣 辣 辣 辣 辣

姐姐

HSK 1급
jiějie 명 누나, 언니

杯子

HSK 1급
bēizi 명 컵

漂亮

HSK 1급
piàoliang 형 예쁘다

饮料

HSK 3급
yǐnliào 명 음료

名字

míngzi 명 이름

UNIT 06

너는 충전기가 있니?

你有充电器吗?
Nǐ yǒu chōngdiànqì ma?

UNIT 06 전체 음원

📖 학습 내용을 미리 살펴봐요!

'나는 충전기가 있어', '나는 여자 친구가 없어'와 같이 사람이나 사물의 소유 여부를 나타낼 때 중국어에서는 '있다'라는 뜻의 '有 yǒu', '없다'라는 뜻의 '没有 méiyǒu'를 사용합니다. 有자문을 활용해 다양한 표현을 익혀 볼까요?

📖 주요 단어를 미리 확인해요!

🎧 TRACK 06-01

有 yǒu 통 ~이(가) 있다, ~을(를) 가지고 있다	**充电器** chōngdiànqì 명 충전기	**没有** méiyǒu 통 ~이(가) 없다, ~을(를) 가지고 있지 않다	**充电宝** chōngdiànbǎo 명 보조배터리
时间 shíjiān 명 시간	**支付宝** zhīfùbǎo 명 알리페이	**女朋友** nǚ péngyǒu 명 여자 친구	**约会** yuēhuì 명 약속
钱 qián 명 돈	**信心** xìnxīn 명 자신(감)	**信用卡** xìnyòngkǎ 명 신용 카드	**事** shì 명 일, 사건
问题 wèntí 명 문제			

有자문

❶ 有자문의 긍정문

'有 yǒu'는 '~이(가) 있다', '~을(를) 가지고 있다'라는 뜻으로 소유의 의미를 나타내며, 긍정문으로 쓰일 때는 '有'가 사람이나 사물을 나타내는 목적어 앞에 위치합니다.

주어 + 有 + 목적어

我有充电器。   나는 충전기가 있어.
Wǒ yǒu chōngdiànqì.

❷ 有자문의 부정문

부정문은 '没有 méiyǒu'로 '~이(가) 없다', '~을(를) 가지고 있지 않다'라는 의미를 나타냅니다. '有 yǒu'의 부정문은 '不 bù'를 쓰지 않는 점에 유의해야 합니다.

주어 + 没有 + 목적어

我没有充电器。   나는 충전기가 없어.
Wǒ méiyǒu chōngdiànqì.

❸ 有자문의 吗 의문문

의문문은 문장 끝에 의문사 '吗 ma'를 써서 '~이니?, ~입니까?'라는 의미를 나타냅니다.

주어 + 有 + 목적어 + 吗?

你有充电器吗?   너는 충전기가 있니?
Nǐ yǒu chōngdiànqì ma?

문장으로 연습해요!

음원을 들으며 다음 제시된 문장을 반복해서 따라 말해 보세요.

① 우어 여우 총 띠엔 바오
我**有**充电宝。　　　　나는 보조배터리가 있어.
Wǒ yǒu chōngdiànbǎo.

② 우어 여우 스 지엔
我**有**时间。　　　　나는 시간이 있어.
Wǒ yǒu shíjiān.

③ 우어 여우 쯔 푸 바오
我**有**支付宝。　　　　나는 알리페이가 있어.
Wǒ yǒu zhīfùbǎo.

④ 타 여우 뉘 펑 여우
他**有**女朋友。　　　　그는 여자 친구가 있어.
Tā yǒu nǚ péngyǒu.

⑤ 타 여우 위에 후이
她**有**约会。　　　　그녀는 약속이 있어.
Tā yǒu yuēhuì.

6 우어 메이 여우 치엔
我**没有**钱。 나는 돈이 없어.
Wǒ méiyǒu qián.

7 우어 메이 여우 씬 신
我**没有**信心。 나는 자신이 없어.
Wǒ méiyǒu xìnxīn.

8 타 메이 여우 씬 용 카
他**没有**信用卡。 그는 신용 카드가 없어.
Tā méiyǒu xìnyòngkǎ.

9 니 여우 스 마
你**有**事**吗**? 너는 무슨 일 있니?
Nǐ yǒu shì ma?

10 니 여우 션 머 원 티
你**有**什么问题? 너는 무슨 문제 있니?
Nǐ yǒu shénme wèntí?

TIP 보통 중국어에서는 '什么时候 shénme shíhou', '谁 shéi'와 같은 의문대사가 있으면 '吗 ma'를 쓰지 않지만, '什么+명사' 구조에서는 '吗'를 붙일 수 있어요.

실전처럼 말해봐요!

김은지　你有充电器吗?
Nǐ yǒu chōngdiànqì ma?

왕웨이　我有三星的充电器。
Wǒ yǒu Sānxīng de chōngdiànqì.

김은지　我的手机是三星的。
Wǒ de shǒujī shì Sānxīng de.

왕웨이　那正好！给你！
Nà zhènghǎo! Gěi nǐ!

새 단어 📌

- 三星 Sānxīng [고유] 삼성
- 那 nà [대] 그럼
- 正好 zhènghǎo [형] 딱 맞다, 딱 좋다
- 给 gěi [동] 주다

🎤 한국어 뜻만 보고, 중국어로 말하는 연습을 해 보세요!

김은지　너는 충전기가 있니?
왕웨이　나는 삼성 충전기가 있어.
김은지　내 휴대 전화가 삼성 거야.
왕웨이　그럼 잘 됐네! 여기 있어!

💡 중국어 더 알아봐요!　正好의 용법

‘正好 zhènghǎo’는 시간·수량·크기·정도·조건 등이 ‘딱 맞다’, ‘딱 좋다’라는 뜻으로 어떤 상황이나 조건이 정확하게 맞아 떨어질 때 사용합니다.

예　时间正好。 Shíjiān zhènghǎo.　시간이 딱 좋아.
　　衣服的大小正好。 Yīfu de dàxiǎo zhènghǎo.　옷의 사이즈가 딱 맞아.

- 大小 dàxiǎo [명] 사이즈, 크기

복습하며 풀어봐요!

1 녹음을 듣고 중국어로 빈칸을 채운 후, 한국어로 해석해 보세요.

❶ 她有 ＿＿＿＿＿＿＿＿＿＿＿。

해석 ＿＿＿＿＿＿＿＿＿＿＿

❷ 我没有 ＿＿＿＿＿＿＿＿＿＿＿。

해석 ＿＿＿＿＿＿＿＿＿＿＿

❸ 你有 ＿＿＿＿＿＿＿＿＿ 吗?

해석 ＿＿＿＿＿＿＿＿＿＿＿

❹ 我的 ＿＿＿＿＿＿ 是三星的。

해석 ＿＿＿＿＿＿＿＿＿＿＿

2 다음 문장을 제시어에 맞게 바꿔 써 보세요.

❶ 你有充电宝吗?　　너는 보조배터리가 있니?

긍정 ＿＿＿＿＿＿＿＿＿＿＿。

❷ 他有女朋友。　　그는 여자 친구가 있어.

부정 ＿＿＿＿＿＿＿＿＿＿＿。

❸ 我有事。　　나는 일이 있어.

의문 ＿＿＿＿＿＿＿＿＿＿＿?

3 다음 빈칸을 채워 대화를 완성해 보세요.

Ⓐ 你有 ＿＿＿＿＿＿＿＿? 　　너는 무슨 문제 있니?

Nǐ yǒu ＿＿＿＿＿＿?

Ⓑ 我没有 ＿＿＿＿＿＿。 　　나는 문제없어.

Wǒ méiyǒu ＿＿＿＿＿＿.

직접 쓰며 익히는 중국어 간화자!

有 HSK 1급
yǒu 동 ~이(가) 있다, ~을(를) 가지고 있다

有 有 有 有 有 有

钱 HSK 1급
qián 명 돈

钱 钱 钱 钱 钱 钱 钱 钱 钱 钱

事 HSK 1급
shì 명 일, 사건

事 事 事 事 事 事 事 事

给 HSK 1급
gěi 동 주다

给 给 给 给 给 给 给 给 给

没有 HSK 1급
méiyǒu 동 ~이(가) 없다, ~을(를) 가지고 있지 않다

没 没 没 没 没 没 没
有 有 有 有 有 有

时间
HSK 1급
shíjiān　명 시간

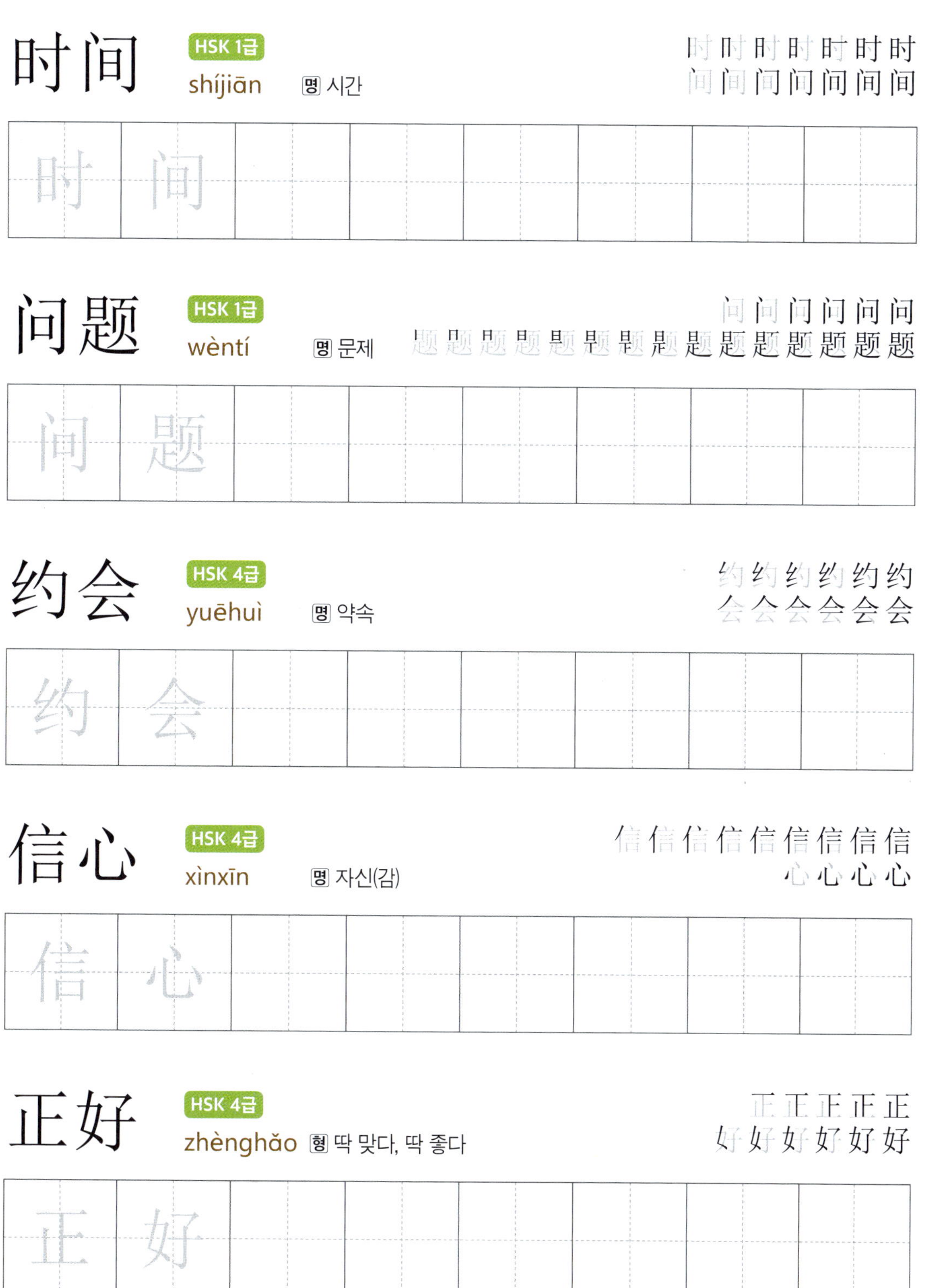

问题
HSK 1급
wèntí　명 문제

约会
HSK 4급
yuēhuì　명 약속

信心
HSK 4급
xìnxīn　명 자신(감)

正好
HSK 4급
zhènghǎo　형 딱 맞다, 딱 좋다

이 가게는 시내에 있어.

这家店在市中心。
Zhè jiā diàn zài shì zhōngxīn.

UNIT 07 전체 음원

📖 학습 내용을 미리 살펴봐요!

이번 과에서는 '나는 카페에 있어', '화장실은 어디에 있니?'와 같이 장소나 위치를 나타낼 때 쓰는 在자문에 대해 배우려고 합니다. 이전 과에서 학습한 '有 yǒu'는 소유의 개념이라면 '在 zài'는 존재의 개념이라는 차이가 있습니다. 이 표현을 배우고 나면 자신의 위치와 장소의 위치에 대해 자유롭게 묻고 답할 수 있습니다.

📔 주요 단어를 미리 확인해요!

🎧 TRACK 07-01

在 zài 동 ~에 있다	哪儿 nǎr 대 어디	楼下 lóu xià 명 1층, 아래층, 빌딩 아래	银行 yínháng 명 은행
图书馆 túshūguǎn 명 도서관	停车场 tíngchēchǎng 명 주차장	补习班 bǔxíbān 명 학원	商店 shāngdiàn 명 상점
便利店 biànlìdiàn 명 편의점	现在 xiànzài 명 지금, 현재		

在자문

① 在자문의 긍정문

'在 zài'는 '~에 있다'라는 뜻으로 어떤 사람이나 사물이 있는 장소 및 위치를 묻고 답할 때 쓰이며, 일반적으로 '在'는 장소나 위치를 나타내는 목적어 앞에 위치합니다.

주어 ＋ 在 ＋ 목적어(장소)

我在学校。　　　　나는 학교에 있어.
Wǒ zài xuéxiào.

② 在자문의 부정문

부정문은 '不在 bú zài'로 '(어떤 장소에) 있지 않다'라는 의미를 나타냅니다.

주어 ＋ 不在 ＋ 목적어(장소)

我不在学校。　　　　나는 학교에 없어.
Wǒ bú zài xuéxiào.

③ 哪儿로 질문하기

'哪儿 nǎr'은 '어디'라는 의미의 의문대사로 장소를 물어볼 때 쓰는 표현이며, 문장 끝에 의문사 '吗 ma'를 붙이지 않습니다.

주어 ＋ 在 ＋ 哪儿?

你在哪儿?　　　　너는 어디에 있니?
Nǐ zài nǎr?

TIP
회화에서는 '哪儿 nǎr'과 같은 뜻의 '哪里 nǎli'도 자주 사용해요.

음원을 들으며 다음 제시된 문장을 반복해서 따라 말해 보세요.

우어 짜이 카 페이 팅
1 我**在**咖啡厅。
Wǒ zài kāfēitīng.

나는 카페에 있어.

타 짜이 러우 씨아
2 他**在**楼下。
Tā zài lóu xià.

그는 1층에 있어.

타 짜이 인 항
3 她**在**银行。
Tā zài yínháng.

그녀는 은행에 있어.

지에 지에 짜이 투 슈 구완
4 姐姐**在**图书馆。
Jiějie zài túshūguǎn.

누나(언니)는 도서관에 있어.

빠 바 짜이 팅 츠어 챵
5 爸爸**在**停车场。
Bàba zài tíngchēchǎng.

아빠는 주차장에 계셔.

6 우어 부 짜이 부 씨 반
我**不在**补习班。
Wǒ bú zài bǔxíbān.

나는 학원에 있지 않아.

7 타 부 짜이 샹 띠엔
他**不在**商店。
Tā bú zài shāngdiàn.

그는 상점에 있지 않아.

8 타 먼 부 짜이 삐엔 리 띠엔
他们**不在**便利店。
Tāmen bú zài biànlìdiàn.

그들은 편의점에 있지 않아.

9 라오 스 씨엔 짜이 짜이 날
老师现在**在哪儿**?
Lǎoshī xiànzài zài nǎr?

선생님은 지금 어디에 계시니?

10 웨이 성 지엔 짜이 날
卫生间**在哪儿**?
Wèishēngjiān zài nǎr?

화장실은 어디에 있니?

실전처럼 말해봐요!

김은지 你知道这家店吗?
Nǐ zhīdao zhè jiā diàn ma?

왕웨이 我知道，这家店很有名。
Wǒ zhīdao, zhè jiā diàn hěn yǒumíng.

김은지 这家店在哪儿?
Zhè jiā diàn zài nǎr?

왕웨이 这家店在市中心。
Zhè jiā diàn zài shì zhōngxīn.

새 단어

- 知道 zhīdao 통 알다, 이해하다
- 家 jiā 양 가게·가정·기업 등을 세는 단위 명 집
- 店 diàn 명 가게, 상점
- 有名 yǒumíng 형 유명하다
- 市中心 shì zhōngxīn 명 시내

🎙 **한국어 뜻만 보고, 중국어로 말하는 연습을 해 보세요!**

김은지 너는 이 가게 아니?

왕웨이 알지, 이 가게는 유명해.

김은지 이 가게는 어디에 있니?

왕웨이 이 가게는 시내에 있어.

💡 **중국어 더 알아봐요!** **家의 양사 용법**

'家 jiā'는 원래 '집'이라는 뜻이지만, 양사로 쓰일 때는 가게·가정·기업을 세는 단위로 명사 앞에 위치합니다.

예 这家公司很不错。 Zhè jiā gōngsī hěn búcuò. 이 회사는 괜찮아.

- 不错 búcuò 형 괜찮다, 좋다

복습하며 풀어봐요!

1 녹음을 듣고 중국어로 빈칸을 채운 후, 한국어로 해석해 보세요.

❶ 我在 ____________ 。

해석 ____________

❷ 他在 ____________ 。

해석 ____________

❸ 他们不在 ____________ 。

해석 ____________

❹ 这家店 ____________ 。

해석 ____________

2 다음 문장을 제시어에 맞게 바꿔 써 보세요.

❶ 他在楼下吗?　　그는 1층에 있니?

긍정 ____________ 。

❷ 我在补习班。　　나는 학원에 있어.

부정 ____________ 。

❸ 爸爸在停车场。　　아빠는 주차장에 계셔.

의문 ____________ ?

3 다음 빈칸을 채워 대화를 완성해 보세요.

Ⓐ 你现在 ____________ ?　　너는 지금 어디에 있니?

Nǐ xiànzài ____________ ?

Ⓑ 我现在 ____________ 。　　나는 지금 학교에 있어.

Wǒ xiànzài ____________ .

在

HSK 1급
zài 图 ~에 있다

在 在 在 在 在 在

家

HSK 1급
jiā 图 가게·가정·기업 등을 세는 단위 图 집

家 家 家 家 家 家 家 家 家 家

哪儿

HSK 1급
nǎr 대 어디

哪 哪 哪 哪 哪 哪 哪 哪 哪
儿 儿

商店

HSK 1급
shāngdiàn 图 상점

商 商 商 商 商 商 商 商 商 商 商
店 店 店 店 店 店 店 店

现在

HSK 1급
xiànzài 图 지금, 현재

现 现 现 现 现 现 现 现
在 在 在 在 在 在

知道

zhīdao 통 알다, 이해하다

银行

yínháng 명 은행

有名

yǒumíng 형 유명하다

楼下

lóu xià 명 1층, 아래층, 빌딩 아래

图书馆

túshūguǎn 명 도서관

너는 식당에 가니, 안 가니?

你去不去食堂?

Nǐ qù bu qù shítáng?

UNIT 08 전체음원

📖 학습 내용을 미리 살펴봐요!

이번 과에서는 중국어 의문문 중의 하나인 '정반의문문'에 대해 학습해 보려고 합니다. 생소한 어휘라 어렵게 느껴질 수 있겠지만 '정(正)', '반(反)'이라는 말에서 알 수 있듯이, '긍정+부정' 형식으로 이루어진 의문문을 뜻합니다. 이 표현을 배우고 나면 '너는 식당에 가니, 안 가니?', '너는 바쁘니, 안 바쁘니?'와 같은 정반의문 표현을 말할 수 있습니다.

📗 주요 단어를 미리 확인해요!

🎧 TRACK 08-01

吃饭 chī fàn 밥을 먹다	独生女 dúshēngnǚ 몡 외동딸	耳机 ěrjī 몡 이어폰	办公室 bàngōngshì 몡 사무실
水果 shuǐguǒ 몡 과일	食堂 shítáng 몡 구내식당	听 tīng 동 듣다	音乐 yīnyuè 몡 음악
明天 míngtiān 몡 내일	难 nán 형 어렵다	芒果 mángguǒ 몡 망고	好吃 hǎochī 형 맛있다
电视剧 diànshìjù 몡 드라마	好看 hǎokàn 형 재미있다, 흥미롭다	课 kè 몡 수업, 강의	妈妈 māma 몡 엄마, 어머니

개념부터 알아봐요!

정반의문문

❶ 동사를 활용한 정반의문문

동사를 활용한 정반의문문은 주어 뒤에 동사의 긍정형과 '不 bu'를 붙인 동사의 부정형을 연이어서 나타냅니다. 이때 '不'는 경성으로 가볍게 발음합니다.

你吃不吃(饭)?
Nǐ chī bu chī (fàn)?

너는 (밥을) 먹니, 안 먹니?

TIP 정반의문문은 긍정형과 부정형을 함께 사용하여 의문을 나타내기 때문에 문장 끝에 의문사 '吗 ma'를 붙이지 않아요.

❷ 형용사를 활용한 정반의문문

형용사를 활용한 정반의문문은 주어 뒤에 형용사의 긍정형과 '不 bu'를 붙인 형용사의 부정형을 연이어서 나타냅니다. 이때 '不'는 경성으로 가볍게 발음합니다.

你忙不忙?
Nǐ máng bu máng?

너는 바쁘니, 안 바쁘니?

❸ 是/有/在를 활용한 정반의문문

是, 有, 在를 활용한 정반의문문은 긍정형 '是 shì', '有 yǒu', '在 zài'와 부정형 '不是 bú shì', '没有 méiyǒu', '不在 bú zài'를 연이어서 나타냅니다.

주어 + 是/有/在 + 不是/没有/不在 + 목적어?

你是不是独生女?
Nǐ shì bu shì dúshēngnǚ?

너는 외동딸이니, 아니니?

他有没有耳机?
Tā yǒu méiyǒu ěrjī?

그는 이어폰이 있니, 없니?

她在不在办公室?
Tā zài bu zài bàngōngshì?

그녀는 사무실에 있니, 없니?

문장으로 연습해요!

음원을 들으며 다음 제시된 문장을 반복해서 따라 말해 보세요.

❶ 니 츠 부 츠 쉐이 구어
你吃不吃水果?
Nǐ chī bu chī shuǐguǒ?

너는 과일을 먹니, 안 먹니?

---

❷ 니 취 부 취 스 탕
你去不去食堂?
Nǐ qù bu qù shítáng?

너는 식당에 가니, 안 가니?

> **TIP** '食堂 shítáng'은 보통 학교·회사·공공 기관 안에 있는 '구내식당'을 의미해요.

---

❸ 니 팅 부 팅 인 위에
你听不听音乐?
Nǐ tīng bu tīng yīnyuè?

너는 음악을 듣니, 안 듣니?

---

❹ 밍 티엔 렁 부 렁
明天冷不冷?
Míngtiān lěng bu lěng?

내일은 춥니, 안 춥니?

---

❺ 한 위 난 부 난
汉语难不难?
Hànyǔ nán bu nán?

중국어는 어렵니, 안 어렵니?

6 망 구어 하오 부 하오 츠
芒果好不好吃? 망고는 맛있니, 맛없니?
Mángguǒ hǎo bu hǎochī?

TIP '好吃 hǎochī'처럼 두 글자로 이루어진 2음절 단어의 경우 'AB不AB' 또는 'A不AB'의 형태로 나타내요.

7 띠엔 스 쥐 하오 부 하오 칸
电视剧好不好看? 드라마는 재미있니, 재미없니?
Diànshìjù hǎo bu hǎokàn?

8 니 스 부 스 쉬에 셩
你是不是学生? 너는 학생이니, 아니니?
Nǐ shì bu shì xuésheng?

9 밍 티엔 여우 메이 여우 크어
明天有没有课? 내일은 수업이 있니, 없니?
Míngtiān yǒu méiyǒu kè?

10 마 마 짜이 부 짜이 지아
妈妈在不在家? 엄마는 집에 계시니, 안 계시니?
Māma zài bu zài jiā?

실전처럼 말해봐요!

이유진 你去不去食堂?
Nǐ qù bu qù shítáng?

밍밍 我去。今天有什么菜?
Wǒ qù. Jīntiān yǒu shénme cài?

이유진 今天食堂有麻辣烫。
Jīntiān shítáng yǒu málàtàng.

밍밍 我喜欢麻辣烫!
Wǒ xǐhuan málàtàng!

새 단어

- 今天 jīntiān 명 오늘
- 麻辣烫 málàtàng 명 마라탕 [음식명]
- 喜欢 xǐhuan 동 좋아하다

🎤 한국어 뜻만 보고, 중국어로 말하는 연습을 해 보세요!

이유진 당신은 식당에 가나요, 안 가나요?

밍밍 저는 갈 거예요. 오늘은 어떤 음식이 있나요?

이유진 오늘 식당에 마라탕이 있어요.

밍밍 저는 마라탕을 좋아해요!

💡 중국어 더 알아봐요! 喜欢의 용법

동사 '喜欢 xǐhuan'은 두 가지 방식으로 쓰입니다. 우선 뒤에 일반 목적어와 함께 쓰이면 '~을(를) 좋아하다'라는 의미이고, 동사구와 함께 쓰이면 '~을(를) 하는 것을 좋아하다'의 의미를 나타냅니다.

예 我喜欢中国菜。 Wǒ xǐhuan Zhōngguó cài. 나는 중국 음식을 좋아해.

我喜欢吃中国菜。 Wǒ xǐhuan chī Zhōngguó cài. 나는 중국 음식 먹는 것을 좋아해.

복습하며 풀어봐요!

1 녹음을 듣고 중국어로 빈칸을 채운 후, 한국어로 해석해 보세요.

❶ 爸爸 ＿＿＿＿＿＿＿＿＿ 家?

해석 ＿＿＿＿＿＿＿＿＿

❷ 汉语 ＿＿＿＿＿＿＿＿＿ ?

해석 ＿＿＿＿＿＿＿＿＿

❸ 电视剧 ＿＿＿＿＿＿＿＿＿ ?

해석 ＿＿＿＿＿＿＿＿＿

❹ 今天 ＿＿＿＿＿＿＿＿＿ 课?

해석 ＿＿＿＿＿＿＿＿＿

2 다음 제시된 단어를 올바르게 배열해 보세요.

❶ 你 / 是 / 学生 / 不是　　너는 학생이니, 아니니?

▶ ＿＿＿＿＿＿＿＿＿ ?

❷ 吃 / 芒果 / 你 / 不吃　　너는 망고를 먹니, 안 먹니?

▶ ＿＿＿＿＿＿＿＿＿ ?

❸ 没有 / 他 / 耳机 / 有　　그는 이어폰이 있니, 없니?

▶ ＿＿＿＿＿＿＿＿＿ ?

3 다음 빈칸을 채워 대화를 완성해 보세요.

Ⓐ 你 ＿＿＿＿＿＿＿ 食堂?　　너는 식당에 가니, 안 가니?

Nǐ ＿＿＿＿＿＿＿ shítáng?

Ⓑ 我 ＿＿＿＿＿＿＿ 食堂。　　나는 지금 식당에 가.

Wǒ ＿＿＿＿＿＿＿ shítáng.

직접 쓰며 익히는 중국어 간화자!

听 `HSK 1급`
tīng　동 듣다

听听听听听听听

| 听 | | | | | | | |

课 `HSK 1급`
kè　명 수업, 강의

课课课课课课课课课课

| 课 | | | | | | | |

难 `HSK 3급`
nán　형 어렵다

难难难难难难难难难难

| 难 | | | | | | | |

水果 `HSK 1급`
shuǐguǒ　명 과일

水水水水
果果果果果果果果

| 水 | 果 | | | | | | |

明天 `HSK 1급`
míngtiān　명 내일

明明明明明明明明
天天天天

| 明 | 天 | | | | | | |

好吃 HSK 1급
hǎochī　형 맛있다

好 好 好 好 好 好
吃 吃 吃 吃 吃 吃

喜欢 HSK 1급
xǐhuan　동 좋아하다

喜 喜 喜 喜 喜 喜 喜 喜 喜 喜 喜 喜
欢 欢 欢 欢 欢 欢

耳机 HSK 3급
ěrjī　명 이어폰

耳 耳 耳 耳 耳 耳
机 机 机 机 机 机

音乐 HSK 3급
yīnyuè　명 음악

音 音 音 音 音 音 音 音 音
乐 乐 乐 乐 乐

食堂 HSK 4급
shítáng　명 구내식당

食 食 食 食 食 食 食 食 食
堂 堂 堂 堂 堂 堂 堂 堂 堂 堂 堂

물세탁인가요, 아니면 드라이클리닝인가요?

水洗还是干洗?　Shuǐxǐ háishi gānxǐ?

📖 학습 내용을 미리 살펴봐요!

이번 과에서는 중국어 의문문 중의 하나인 '선택의문문'에 대해 학습해 보려고 합니다. '선택의문문'은 A와 B 중에서 하나를 선택할 때 사용하는 의문문입니다. 이 표현을 배우고 나면 '아이스 아메리카노 마실래, 아니면 따뜻한 아메리카노 마실래?', '드라마 볼래, 아니면 게임할래?'와 같은 의문 표현을 말할 수 있습니다.

📖 주요 단어를 미리 확인해요!

🎧 TRACK 09-01

还是 **háishi** 접 아니면, 또는	玩(儿) **wán(r)** 동 놀다	游戏 **yóuxì** 명 게임	坐 **zuò** 동 (교통수단을) 타다, 앉다
公交车 **gōngjiāochē** 명 버스	打车 **dǎchē** 동 택시를 타다	咸 **xián** 형 짜다	甜 **tián** 형 달다
出去 **chūqù** 동 나가다	点 **diǎn** 동 시키다, 주문하다	炒饭 **chǎofàn** 명 볶음밥	面条 **miàntiáo** 명 국수
包子 **bāozi** 명 찐빵	饺子 **jiǎozi** 명 만두, 교자	要 **yào** 동 원하다, 필요하다	冰 **bīng** 형 차갑다 명 아이스, 얼음

개념부터 알아봐요!

선택의문문

❶ 还是의 위치

'선택의문문'이란 두 가지 또는 그 이상의 선택지 중에서 한 가지를 선택할 때 'A 还是 háishi B?'의 형태로 쓰이며, A와 B 자리에는 술어가 옵니다. 술어 자리에는 같은 문장 성분이거나 같은 의미 범주를 나타내는 말이 와야 합니다.

주어 + A(술어) + (목적어) + 还是 + B(술어) + (목적어)?

你去还是他去?
Nǐ qù háishi tā qù?

네가 가니, 아니면 그가 가니?

你看电视剧还是玩(儿)游戏?
Nǐ kàn diànshìjù háishi wán(r) yóuxì?

너는 드라마 볼래, 아니면 게임할래?

TIP

선택의문문 '还是 háishi' 자체가 의문문이므로 문장 끝에 '吗 ma'를 붙이지 않아요.

❷ 还是 뒤에 술어를 생략하는 경우

두 개의 목적어에 동일한 술어가 쓰일 경우 '还是 háishi' 뒤에 오는 술어를 생략할 수 있습니다.

주어 + 술어 + 목적어 + 还是 + 목적어?

你喝咖啡还是奶茶?
Nǐ hē kāfēi háishi nǎichá?

너는 커피 마시니, 아니면 밀크티 마시니?

문장으로 연습해요!

음원을 들으며 다음 제시된 문장을 반복해서 따라 말해 보세요.

❶ 니 쭈어 꽁 찌아오츠어 하이 스 다 츠어
你坐公交车**还是**打车?　　너는 버스 타니, 아니면 택시 타니?
Nǐ zuò gōngjiāochē háishi dǎchē?

 '버스를 타다'는 '坐公交车 zuò gōngjiāochē' 외에 '坐公共汽车 zuò gōnggòng qìchē'라고도 말하며, '택시를 타다'는 '打车 dǎchē' 외에 '坐出租车 zuò chūzūchē'라고 말할 수 있어요.

---

❷ 쯔어 스 니 더 하이 스 타 더
这是你的**还是**他的?　　이것은 네 거니, 아니면 그 사람 거니?
Zhè shì nǐ de háishi tā de?

---

❸ 쯔어 스 시엔 더 하이 스 티엔 더
这是咸的**还是**甜的?　　이것은 짠 거니, 아니면 단 거니?
Zhè shì xián de háishi tián de?

---

❹ 니 마이 셔우 지 하이 스 얼 지
你买手机**还是**耳机?　　너는 휴대 전화를 살 거니, 아니면 이어폰을 살 거니?
Nǐ mǎi shǒujī háishi ěrjī?

---

❺ 니 츄 취 하이 스 짜이 지아
你出去**还是**在家?　　너는 나갈래, 아니면 집에 있을래?
Nǐ chūqù háishi zài jiā?

⑥ 니 디엔 챠오 판 하이 스 미엔티아오
你点炒饭还是面条?
Nǐ diǎn chǎofàn háishi miàntiáo?

너는 볶음밥 시킬래, 아니면 국수 시킬래?

---

⑦ 타 스 한 구어 런 하이 스 중 구어 런
他是韩国人还是中国人?
Tā shì Hánguó rén háishi Zhōngguó rén?

그 사람은 한국인이니, 아니면 중국인이니?

---

⑧ 우어 먼 츠 빠오 즈 하이 스 지아오 즈
我们吃包子还是饺子?
Wǒmen chī bāozi háishi jiǎozi?

우리 찐빵 먹을까, 아니면 만두 먹을까?

---

⑨ 우어 먼 취 쯔어 지아 띠엔 하이 스 나 지아 띠엔
我们去这家店还是那家店?
Wǒmen qù zhè jiā diàn háishi nà jiā diàn?

우리 이 가게 갈래, 아니면 저 가게 갈래?

---

⑩ 니 야오 르어 더 하이 스 삥 더
你要热的还是冰的?
Nǐ yào rè de háishi bīng de?

너는 따뜻한 걸로 할래, 아니면 차가운 걸로 할래?

TIP 카페나 식당에서 점원이 말할 경우에는 '따뜻한 것 드릴까요, 아니면 차가운 것 드릴까요?'라는 의미로 쓰여요.

실전처럼 말해봐요!

점원 您洗什么？水洗还是干洗？
Nín xǐ shénme? Shuǐxǐ háishi gānxǐ?

이유진 我洗大衣，干洗。
Wǒ xǐ dàyī, gānxǐ.

점원 会员名是什么？
Huìyuán míng shì shénme?

이유진 会员名是李有珍。
Huìyuán míng shì Lǐ Yǒuzhēn.

새 단어

- 您 nín 때 당신['你'의 존칭]
- 洗 xǐ 통 세탁하다, 빨다, 씻다
- 水洗 shuǐxǐ 명 물세탁
- 干洗 gānxǐ 명 드라이클리닝
- 大衣 dàyī 명 코트
- 会员名 huìyuán míng 회원명
- 李有珍 Lǐ Yǒuzhēn 고유 이유진[인명]

🎙 한국어 뜻만 보고, 중국어로 말하는 연습을 해 보세요!

점원 무엇을 세탁하세요?
물세탁인가요, 아니면 드라이클리닝인가요?

이유진 코트 세탁이요, 드라이클리닝으로요.

점원 회원명이 무엇인가요?

이유진 회원명은 이유진입니다.

💡 중국어 더 알아봐요! 이름을 묻고 답하는 표현

중국어로 자기소개를 할 때 '~라고 부르다'라는 뜻의 동사 '叫 jiào'를 써서 이름을 묻고 답합니다.

예 A 你叫什么？ Nǐ jiào shénme? 너는 이름이 무엇이니?

B 我叫李有珍。 Wǒ jiào Lǐ Yǒuzhēn. 나는 이유진이라고 해.

단, 회원명이나 아이디 등을 묻고 답할 때는 동사 '叫' 대신 '是 shì'를 주로 사용한다는 점을 기억하세요.

예 A 会员名是什么？ Huìyuán míng shì shénme? 회원명이 무엇인가요?

B 会员名是李有珍。 Huìyuán míng shì Lǐ Yǒuzhēn. 회원명은 이유진이에요.

- 叫 jiào 통 ~라고 부르다

복습하며 풀어봐요!

1 ⃞ 녹음을 듣고 중국어로 빈칸을 채운 후, 한국어로 해석해 보세요.

❶ 你 ___________ 还是打车?　　**❷** 你 _______ 还是 _________?

[해석] ___________________　　　　[해석] ___________________

❸ 你要 _____ 还是 _____?　　**❹** 我洗 ___________, 干洗。

[해석] ___________________　　　　[해석] ___________________

2 ⃞ 다음 제시된 단어를 올바르게 배열해 보세요.

❶ 那家店 / 我们去 / 这家店 / 还是　　우리 이 가게 갈래, 아니면 저 가게 갈래?

▶ _________________________ ?

❷ 奶茶 / 还是 / 咖啡 / 你喝　　너는 커피 마시니, 아니면 밀크티 마시니?

▶ _________________________ ?

❸ 我们 / 饺子 / 还是 / 吃包子　　우리 찐빵 먹을까, 아니면 만두 먹을까?

▶ _________________________ ?

3 ⃞ 다음 빈칸을 채워 대화를 완성해 보세요.

Ⓐ 他是 _______ 还是 _______ ?　그 사람은 한국인이니, 아니면 중국인이니?

Tā shì _______ háishi _______ ?

Ⓑ 他是 ___________ 。　　그 사람은 한국인이야.

Tā shì ___________ .

직접 쓰며 익히는 중국어 간화자!

坐
HSK 1급
zuò
동 (교통수단을) 타다, 앉다

坐 坐 坐 坐 坐 坐 坐

要
HSK 1급
yào
동 원하다, 필요하다

要 要 要 要 要 要 要 要 要

叫
HSK 1급
jiào
동 ~라고 부르다

叫 叫 叫 叫 叫

洗
HSK 2급
xǐ
동 세탁하다, 빨다, 씻다

洗 洗 洗 洗 洗 洗 洗 洗 洗

甜
HSK 3급
tián
형 달다

甜 甜 甜 甜 甜 甜 甜 甜 甜 甜

咸

HSK 4급
xián　형 짜다

咸咸咸咸咸咸咸咸咸

咸

玩(儿)

HSK 1급
wán(r)　동 놀다

玩玩玩玩玩玩玩玩
儿儿

玩 儿

还是

HSK 2급
háishi　접 아니면, 또는

还还还还还还还
是是是是是是是是是

还 是

游戏

HSK 3급
yóuxì　명 게임

游游游游游游游游游游游
戏戏戏戏戏戏

游 戏

公交车

HSK 2급
gōngjiāochē 명 버스

公公公公
交交交交交交
车车车车

公 交 车

당신의 집에는 아이가 몇 명 있나요?

你家有几个孩子?　Nǐ jiā yǒu jǐ ge háizi?

📖 학습 내용을 미리 살펴봐요!

이번 과에서는 '한 사람', '커피 두 잔', '책 세 권' 등과 같이 숫자와 함께 사람이나 사물을 세는 단위에 대해 배워 보려고 합니다. 이 표현을 배우고 나면 일상생활에서 사람이나 사물의 수를 말할 수 있고, '숫자+양사+명사' 구조로 문장을 자연스럽게 만들 수 있습니다.

📙 주요 단어를 미리 확인해요!

🎧 TRACK 10-01

几 jǐ ㈜ 몇[10이하의 수]	个 ge ㈎ 개, 명	孩子 háizi ㈐ 아이, 자녀	儿子 érzi ㈐ 아들
号线 hào xiàn (지하철) 호선	地铁 dìtiě ㈐ 지하철, 전철	你们 nǐmen ㈝ 너희(들), 당신(들)	班 bān ㈐ 반, 그룹
楼 lóu ㈐ 층	杯 bēi ㈎ 잔		

개념부터 알아봐요!

수사와 양사

❶ 수사

수사란 '1, 2, 3'과 같이 숫자를 나타내는 말을 의미합니다.

十一 shíyī 11, 열하나	十二 shí'èr 12, 열둘	十三 shísān 13, 열셋	十四 shísì 14, 열넷	十五 shíwǔ 15, 열다섯
二十 èrshí 20, 스물	三十一 sānshíyī 31, 서른하나	五十二 wǔshí'èr 52, 쉰둘	六十七 liùshíqī 67, 예순일곱	八十九 bāshíjiǔ 89, 여든아홉

❷ 양사

양사란 우리말의 '명', '개', '권'처럼 사람이나 사물을 세는 단위를 말합니다.

수사 + 양사 + 명사

TIP '个 ge'가 양사로 쓰이면 경성으로 발음해요.

个 ge 개, 명	三个人 세 명, 세 사람 sān ge rén	件 jiàn 벌, 건	一件衣服 옷 한 벌 yí jiàn yīfu
口 kǒu 식구	四口人 네 식구 sì kǒu rén	台 tái 대	五台电脑 컴퓨터 다섯 대 wǔ tái diànnǎo
本 běn 권	五本书 책 다섯 권 wǔ běn shū	瓶 píng 병	一瓶啤酒 맥주 한 병 yì píng píjiǔ
杯 bēi 잔	一杯茶 차 한 잔 yì bēi chá	碗 wǎn 그릇	四碗米饭 밥 네 그릇 sì wǎn mǐfàn
张 zhāng 개, 장	五张桌子 책상 다섯 개 wǔ zhāng zhuōzi 一张照片 사진 한 장 yì zhāng zhàopiàn	辆 liàng 대	一辆自行车 자전거 한 대 yí liàng zìxíngchē
支 zhī 자루	五支铅笔 연필 다섯 자루 wǔ zhī qiānbǐ	把 bǎ 개, 자루	三把雨伞 우산 세 개 sān bǎ yǔsǎn

음원을 들으며 다음 제시된 문장을 반복해서 따라 말해 보세요.

1 A 니 여우 지 거 하이 즈
你有几个孩子?
Nǐ yǒu jǐ ge háizi?

너는 아이가 몇 명 있니?

B 우어 여우 이 거 얼 즈
我有一个儿子。
Wǒ yǒu yí ge érzi.

나는 아들이 한 명 있어.

2 A 니 쭈어 지 하오 씨엔 띠 티에
你坐几号线地铁?
Nǐ zuò jǐ hào xiàn dìtiě?

너는 몇 호선 지하철을 타니?

B 우어 쭈어 우 하오 씨엔 띠 티에
我坐五号线(地铁)。
Wǒ zuò wǔ hào xiàn (dìtiě).

나는 (지하철) 5호선을 타.

❸

A 你们班在几楼?
Nǐmen bān zài jǐ lóu?

너희 반은 몇 층에 있니?

B 我们班在三楼。
Wǒmen bān zài sān lóu.

우리 반은 3층에 있어.

❹

A 你们要几杯咖啡?
Nǐmen yào jǐ bēi kāfēi?

커피 몇 잔 주문하시겠어요?

B 我们要四杯咖啡。
Wǒmen yào sì bēi kāfēi.

커피 네 잔 주문할게요.

실전처럼 말해봐요!

밍밍 你家有几个孩子?
Nǐ jiā yǒu jǐ ge háizi?

김과장 我有一个儿子和一个女儿。
Wǒ yǒu yí ge érzi hé yí ge nǚ'ér.

밍밍 你儿子像谁?
Nǐ érzi xiàng shéi?

김과장 他像他爸爸。
Tā xiàng tā bàba.

새 단어
- 和 hé [개] ~와(과), 그리고
- 女儿 nǚ'ér [명] 딸

🎙 한국어 뜻만 보고, 중국어로 말하는 연습을 해 보세요!

밍밍 당신의 집에는 아이가 몇 명 있나요?
김과장 저는 아들 하나랑 딸 하나가 있어요.
밍밍 당신 아들은 누구를 닮았나요?
김과장 그는 아빠를 닮았어요.

💡 중국어 더 알아봐요! 가족 구성원을 묻는 표현

你家有几口人? Nǐ jiā yǒu jǐ kǒu rén? 당신의 가족은 몇 명인가요?

你有兄弟姐妹吗? Nǐ yǒu xiōngdì jiěmèi ma? 당신은 형제자매가 있나요?

你是独生子/独生女吗? Nǐ shì dúshēngzǐ/dúshēngnǚ ma? 당신은 외동아들/외동딸인가요?

- 兄弟姐妹 xiōngdì jiěmèi 형제자매
- 独生子 dúshēngzǐ [명] 외동아들

복습하며 풀어봐요!

1 녹음을 듣고 중국어로 빈칸을 채운 후, 한국어로 해석해 보세요.

❶ 你 ＿＿＿＿＿＿＿＿ 地铁？

해석 ＿＿＿＿＿＿＿＿＿＿

❷ 你们班 ＿＿＿＿＿＿＿＿？

해석 ＿＿＿＿＿＿＿＿＿＿

❸ 我们要 ＿＿＿＿＿＿＿＿。

해석 ＿＿＿＿＿＿＿＿＿＿

❹ 他 ＿＿＿＿＿＿＿ 他爸爸。

해석 ＿＿＿＿＿＿＿＿＿＿

2 다음 제시된 단어를 올바르게 배열해 보세요.

❶ 我 / 地铁 / 五号线 / 坐　　　나는 지하철 5호선을 타.

▶ ＿＿＿＿＿＿＿＿＿＿。

❷ 在 / 班 / 我们 / 三楼　　　우리 반은 3층에 있어.

▶ ＿＿＿＿＿＿＿＿＿＿。

❸ 家 / 有 / 你 / 几口人　　　당신의 가족은 몇 명인가요?

▶ ＿＿＿＿＿＿＿＿＿＿？

3 다음 빈칸을 채워 대화를 완성해 보세요.

Ⓐ 你有 ＿＿＿＿＿＿＿ 吗?　　　당신은 형제자매가 있나요?

Nǐ yǒu ＿＿＿＿＿＿＿ ma?

Ⓑ 我没有，我是 ＿＿＿＿＿＿。　　　없어요, 저는 외동아들이에요.

Wǒ méiyǒu, wǒ shì ＿＿＿＿＿＿.

几
HSK 1급 jǐ · 쉬 몇[10이하의 수]

几 几

个
HSK 1급 ge · 양 개, 명

个 个 个

杯
HSK 1급 bēi · 양 잔

杯 杯 杯 杯 杯 杯 杯 杯

和
HSK 1급 hé · 개 ~와(과), 그리고

和 和 和 和 和 和 和 和

班
HSK 2급 bān · 명 반, 그룹

班 班 班 班 班 班 班 班 班 班

孩子

HSK 1급

háizi　　명 아이, 자녀

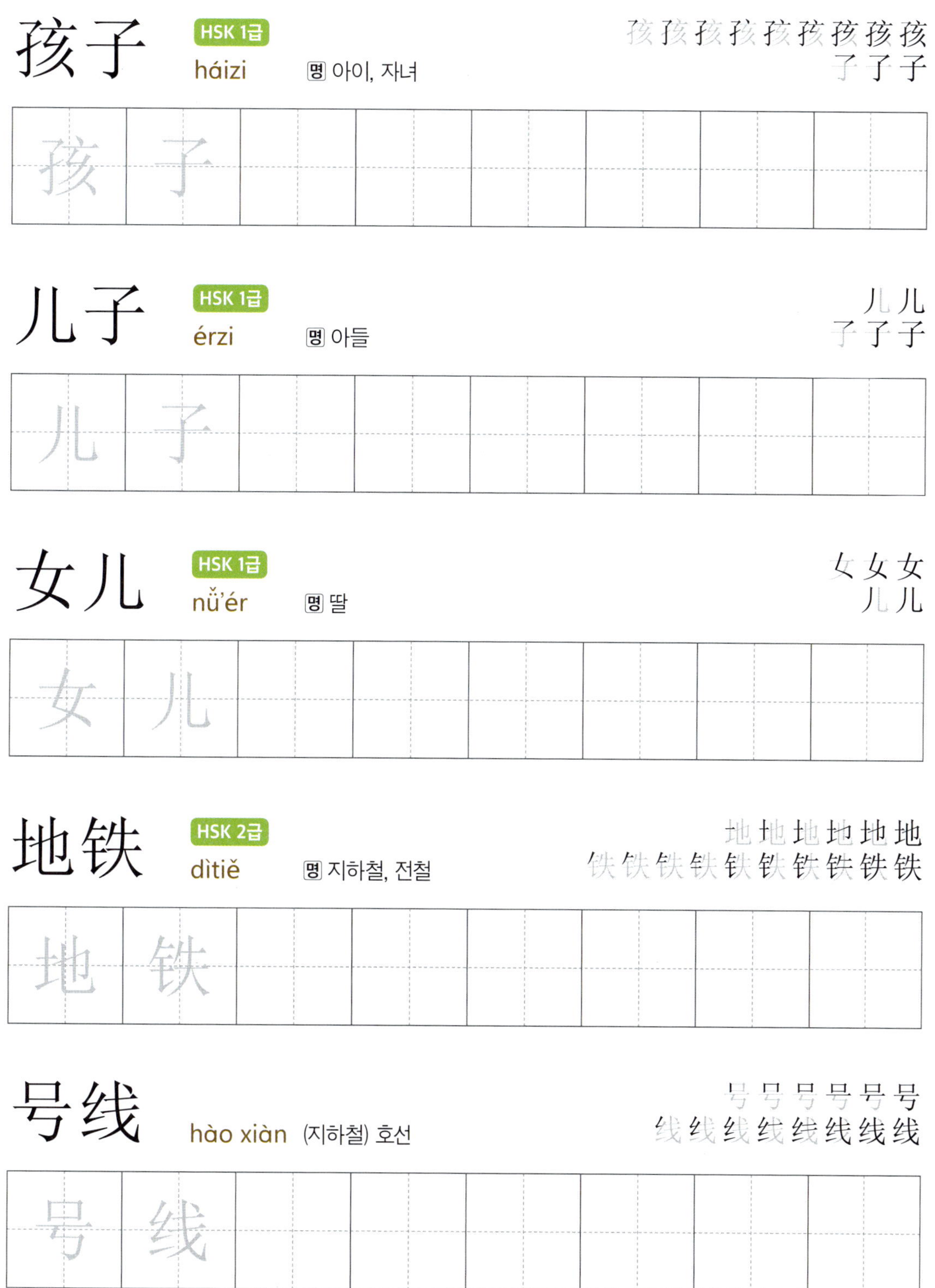

儿子

HSK 1급

érzi　　명 아들

女儿

HSK 1급

nǚ'ér　　명 딸

地铁

HSK 2급

dìtiě　　명 지하철, 전철

号线

hào xiàn　　(지하철) 호선

당신은 올해 나이가 어떻게 되나요?

你今年多大?　Nǐ jīnnián duō dà?

📖 학습 내용을 미리 살펴봐요!

일상생활에서 상대방의 나이를 묻는 경우가 많이 있죠? 이번 과에서는 나이를 묻고 답하는 표현에 대해 학습해 보려고 합니다. 우리말에도 상대방의 연령에 따라 나이를 묻는 표현이 다르듯이, 중국어도 마찬가지입니다. 어떻게 다른지 잘 알아두고 적절하게 사용해 봅시다.

📖 주요 단어를 미리 확인해요!

🎧 TRACK 11-01

岁	多	大	年纪
suì	duō	dà	niánjì
양 살, 세 [나이를 세는 단위]	부 얼마나 형 많다	형 (나이가) 많다, 크다	명 연세, 나이
重	米	今年	爷爷
zhòng	mǐ	jīnnián	yéye
형 무겁다	양 미터(meter)	명 올해	명 할아버지

개념부터 알아봐요!

나이 묻고 대답하기

❶ 나이를 물어볼 때

중국어에서는 나이를 묻는 표현을 연령대에 따라 크게 세 가지로 나눌 수 있습니다.
10세 이하의 어린이에게 물어볼 때는 '几岁? jǐ suì?'를, 또래나 동년배에게 물을 때는 '多大? duō dà?'를,
연장자에게 물을 때는 '多大年纪? duō dà niánjì?'를 사용합니다.

(10세 이하의) 어린이일 때	你几岁?　너는 몇 살이니? Nǐ jǐ suì?
또래나 동년배일 때	你多大?　너는 몇 살이니? / 당신은 나이가 어떻게 되나요? Nǐ duō dà?
자신보다 연장자일 때	您多大年纪?　당신은 연세(나이)가 어떻게 되세요? Nín duō dà niánjì?

❷ 나이를 말할 때

나이를 세는 단위인 '岁 suì' 앞에 숫자를 넣어 '숫자+岁'의 형태로 나이를 간단하게 표현할 수 있습니다.

我十五岁。　　　　　　　　　　나는 열다섯 살이야.
Wǒ shíwǔ suì.

❸ 의문부사 多의 용법

의문부사 '多 duō'는 주로 단음절 형용사와 함께 쓰여 '얼마나 ~한가?'라는 뜻의 의문문을 만들 수 있습니다. 나이, 키, 몸무게 등을 물을 때는 의문사 '多' 뒤에 '大 dà 많다', '高 gāo 크다', '重 zhòng 무겁다' 등의 형용사를 붙여 사용합니다. 또한 '多'는 보통 10 이상과 같이 비교적 큰 수량이나 정도를 물을 때 쓰이며, 의문사이므로 문장 끝에 '吗 ma'를 쓰지 않습니다.

Ⓐ 你多高? Nǐ duō gāo?　　　　너는 키가 얼마나 되니?

Ⓑ 我一米八五。 Wǒ yì mǐ bā wǔ.　나는 1미터 85야.

문장으로 연습해요!

음원을 들으며 다음 제시된 문장을 반복해서 따라 말해 보세요.

① Ⓐ
니 뉘 얼 지 쒜이
你女儿几岁?
Nǐ nǚ'ér jǐ suì?

네 딸은 몇 살이니?

Ⓑ
타 쓰 쒜이
她四岁。
Tā sì suì.

그녀는 네 살이야.

② Ⓐ
니 뚜어 따
你多大?
Nǐ duō dà?

너는 몇 살이니? / 당신은 나이가 어떻게 되나요?

Ⓑ
우어 진 니엔 싼 스 쒜이
我今年三十(岁)。
Wǒ jīnnián sānshí (suì).

나는 올해 서른 (살)이야. / 저는 올해 서른 (살)이에요.

TIP 나이를 세는 단위인 '岁 suì'는 10세 이상인 경우 생략하여 말할 수 있어요.

❸

A 您今年多大年纪?
닌　진　니엔뚜어　따　니엔　찌
Nín jīnnián duō dà niánjì?

당신은 올해 연세가 어떻게 되세요?

B 我五十八岁。
우어　우　스　빠　쒜이
Wǒ wǔshíbā suì.

나는 쉰여덟 살이에요.

❹

A 你爷爷多大年纪?
니　이에　이에　뚜어　따　니엔　찌
Nǐ yéye duō dà niánjì?

네 할아버지는 연세가 어떻게 되시니?

B 他今年七十七岁。
타　진　니엔　치　스　치　쒜이
Tā jīnnián qīshíqī suì.

할아버지는(그분은) 올해 일흔일곱 살이셔.

실전처럼 말해봐요!

박한나 你今年多大?
Nǐ jīnnián duō dà?

밍밍 我二十七岁。
Wǒ èrshíqī suì.

박한나 那咱俩一样啊!
Nà zán liǎ yíyàng a!

밍밍 真的? 我们同岁呀!
Zhēn de? Wǒmen tóngsuì ya!

새 단어 📌
- 咱 zán 때 우리[상대방 포함]
- 俩 liǎ ㈜ 두 사람, 두 개
- 一样 yíyàng 휑 같다, 동일하다
- 真的 zhēn de 진짜, 정말로
- 同岁 tóngsuì 통 동갑이다, 나이가 같다
- 呀 ya 조 억양을 부드럽게 해 주는 역할

TIP 📌 '우리 둘'이라는 뜻의 '咱俩 zán liǎ'는 '咱们俩 zánmen liǎ'의 줄임말로 회화에서 짧게 줄여서 많이 사용해요.

🎙️ 한국어 뜻만 보고, 중국어로 말하는 연습을 해 보세요!

박한나 당신은 올해 나이가 어떻게 되나요?
밍밍 저는 스물일곱 살이에요.
박한나 그럼 우리 둘이 똑같네요!
밍밍 진짜요? 우리 동갑이군요!

💡 중국어 더 알아봐요! 咱们 VS 我们

'咱们 zánmen'과 '我们 wǒmen'은 모두 '우리(들)'이라는 뜻을 가지고 있는 인칭대사이지만, 쓰임에는 차이가 있습니다. '咱们'은 말하는 사람과 듣는 사람 모두를 포함할 때 사용하는 반면, '我们'은 듣는 상대가 '우리(들)'에 포함될 수도 있고, 포함되지 않을 수도 있습니다.

말하는 사람과 듣는 사람 모두 포함하는 경우	咱们/我们去吃饭吧。 우리 밥 먹으러 가자. Zánmen/Wǒmen qù chī fàn ba.
듣는 사람을 포함하지 않는 경우	我们公司很大。 우리 회사는 (규모가) 커. Wǒmen gōngsī hěn dà.

- 咱们 zánmen 때 우리(들)

복습하며 풀어봐요!

1 녹음을 듣고 중국어로 빈칸을 채운 후, 한국어로 해석해 보세요.

① 你 ＿＿＿＿＿＿＿＿＿＿＿ ?

해석 ＿＿＿＿＿＿＿＿＿＿＿

② 他今年 ＿＿＿＿＿＿＿＿ 岁。

해석 ＿＿＿＿＿＿＿＿＿＿＿

③ 你今年 ＿＿＿＿＿＿＿＿ ?

해석 ＿＿＿＿＿＿＿＿＿＿＿

④ ＿＿＿＿＿＿＿＿ 一样啊!

해석 ＿＿＿＿＿＿＿＿＿＿＿

2 다음 문장을 읽고 올바른 문장으로 고쳐 써 보세요.

① 你爷爷几岁?　　네 할아버지는 연세가 어떻게 되시니?

▶ ＿＿＿＿＿＿＿＿＿＿＿ ?

② 我一八五米。　　나는 1미터 85야.

▶ ＿＿＿＿＿＿＿＿＿＿＿ 。

③ 我们一样岁呀!　　우리 동갑이군요!

▶ ＿＿＿＿＿＿＿＿＿＿＿ !

3 다음 빈칸을 채워 대화를 완성해 보세요.

Ⓐ 你今年 ＿＿＿＿＿＿＿＿ ?　　너는 올해 몇 살이니?

Nǐ jīnnián ＿＿＿＿＿＿＿＿ ?

Ⓑ 我今年 ＿＿＿＿＿＿＿＿ 。　　나는 올해 스물아홉 살이야.

Wǒ jīnnián ＿＿＿＿＿＿＿＿ .

직접 쓰며 익히는 중국어 간화자!

岁 HSK 1급
suì 　양 살, 세[나이를 세는 단위]

岁 岁 岁 岁 岁 岁

多 HSK 1급
duō 　부 얼마나 형 많다

多 多 多 多 多 多

大 HSK 1급
dà 　형 (나이가) 많다, 크다

大 大 大

米 HSK 3급
mǐ 　양 미터(meter)

米 米 米 米 米 米

咱 HSK 3급
zán 　대 우리[상대방 포함]

咱 咱 咱 咱 咱 咱 咱 咱 咱

重

zhòng　혱 무겁다

俩

liǎ　㊋ 두 사람, 두 개

今年

jīnnián　명 올해

爷爷

yéye　명 할아버지

年纪

niánjì　명 연세, 나이

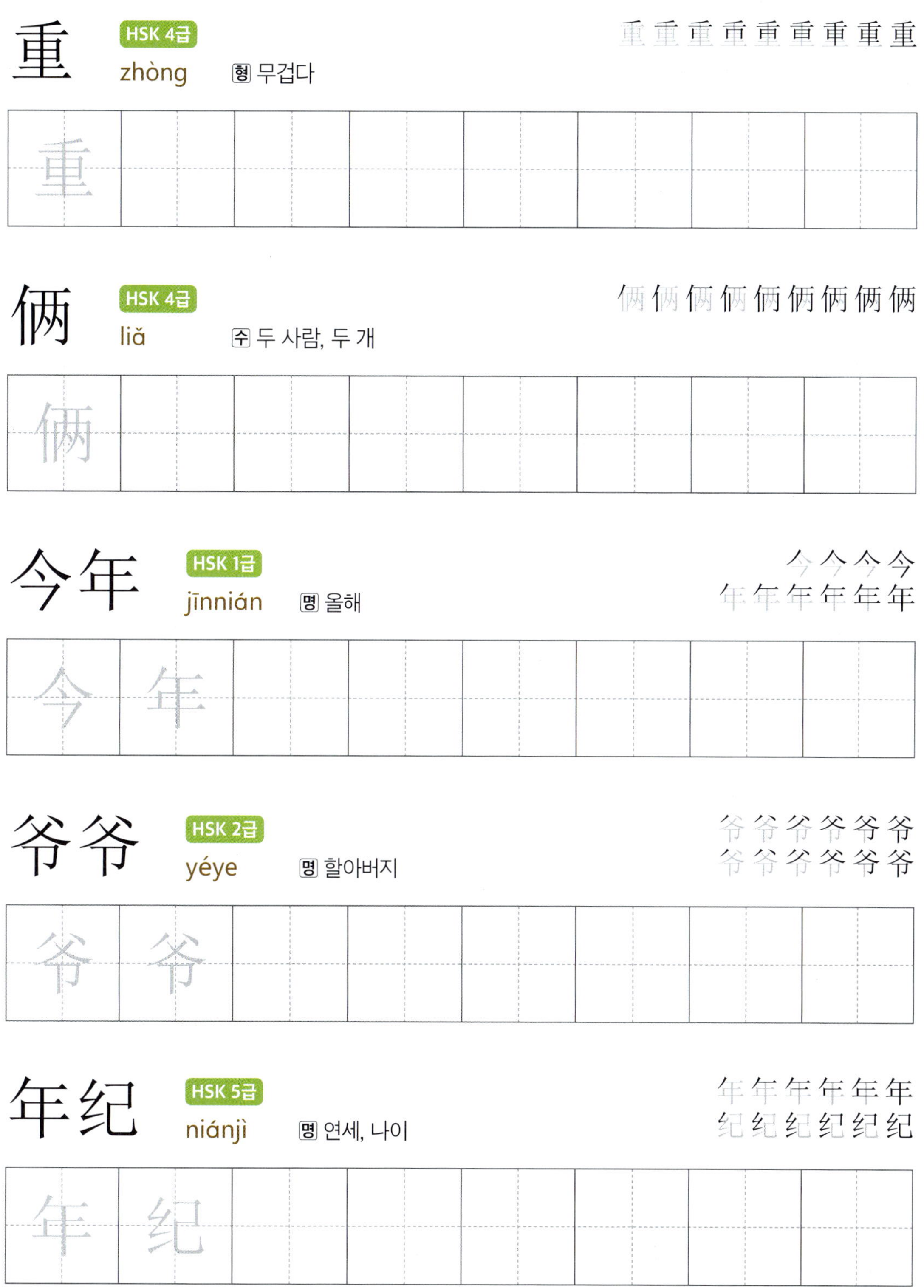

우리 9시에 수업이야.

我们九点上课。
Wǒmen jiǔ diǎn shàngkè.

UNIT 12 전체 음원

📖 학습 내용을 미리 살펴봐요!

이번 과에서는 실생활에서 자주 쓰는 표현인 '지금 몇 시니?', '지금 3시 20분이야'처럼 시간을 묻고 답하는 표현을 배우려고 합니다. 이때 사용하는 문장은 '명사술어문'의 형태를 띠는데, '명사술어문'이 문장에서 어떻게 사용되는지 시간 표현과 함께 알아봅시다.

📖 주요 단어를 미리 확인해요!

🎧 TRACK 12-01

点 diǎn 양 (시간의) 시	两 liǎng 수 2, 둘	零 líng 수 0, 영, 제로	分 fēn 양 (시간의) 분
刻 kè 양 15분	半 bàn 수 반, 절반, 30분	到 dào 동 도착하다	飞机 fēijī 명 비행기
起飞 qǐfēi 동 (비행기가) 이륙하다, 날아오르다	会议 huìyì 명 회의	开始 kāishǐ 동 시작하다	见 jiàn 동 만나다
差 chà 형 부족하다, 모자라다	出发 chūfā 명 출발 동 출발하다	下午 xiàwǔ 명 오후	

개념부터 알아봐요!

시간을 나타내는 표현

❶ 시간 표현

1시	2시	8시	11시	12시
一点 yī diǎn	两点 liǎng diǎn	八点 bā diǎn	十一点 shíyī diǎn	十二点 shí'èr diǎn

5분	10분	15분	30분	45분
(零) 五分 (líng) wǔ fēn	十分 shí fēn	十五分 shíwǔ fēn 一刻 yíkè	三十分 sānshí fēn 半 bàn	四十五分 sìshíwǔ fēn 三刻 sānkè

- 본래 숫자 '一 yī'는 쓰임에 따라 성조가 변하지만 시간을 나타낼 때는 제1성으로 발음합니다.

现在一点。　　　　　　지금은 1시야.
Xiànzài yī diǎn.

- '2시'는 '二点 èr diǎn'이라고 하지 않고 '两点 liǎng diǎn'이라고 표현합니다.

现在两点。　　　　　　지금은 2시야.
Xiànzài liǎng diǎn.

TIP

'两 liǎng'은 '2시'를 말할 때뿐만 아니라, 사람
이나 사물의 수량을 셀 때에도 사용해요.
两个人 liǎng ge rén 두 사람
两杯咖啡 liǎng bēi kāfēi 커피 두 잔

- 시간을 말할 때 분 단위가 10 이하일 경우, 앞에 '零 líng'을 붙여 말하기도 합니다.

我三点零五分到家。　　나는 3시 5분에 집에 도착해.
Wǒ sān diǎn líng wǔ fēn dào jiā.

飞机六点零三分起飞。　　비행기는 6시 3분에 이륙해.
Fēijī liù diǎn líng sān fēn qǐfēi.

개념부터 알아봐요!

- 15분 단위를 나타낼 때는 '刻 kè'를 사용하여 '一刻 yíkè 15분', '三刻 sānkè 45분'로 표현할 수 있습니다.

会议十点一刻开始。　　회의는 10시 15분에 시작해.
Huìyì shídiǎn yíkè kāishǐ.

我四点三刻去朋友家。　나는 4시 45분에 친구 집에 가.
Wǒ sì diǎn sānkè qù péngyou jiā.

- 우리말에서 '30분'을 '반'이라고 표현하는 것처럼 중국어도 '半 bàn'이라고 표현할 수 있습니다.

我们六点半见。　　우리 6시 반에 만나자.
Wǒmen liù diǎn bàn jiàn.

❷ 시간을 묻는 표현

'몇 시'인지 물어볼 때는 '几点? jǐ diǎn?'이라고 합니다.

Ⓐ 现在几点？　　지금은 몇 시니?
Xiànzài jǐ diǎn?

Ⓑ 现在两点二十分。　　지금은 2시 20분이야.
Xiànzài liǎng diǎn èrshí fēn.

❸ '~전'을 나타내는 시간 표현

'差 chà'는 '부족하다', '모자라다'라는 뜻으로 시간 표현과 함께 쓰이면 '~시 ~분 전'이라는 의미로 사용됩니다.

差十分五点。　　5시 10분 전이야.(=4시 50분)
Chà shí fēn wǔ diǎn.

❹ 명사술어문의 긍정문

명사술어문은 명사 또는 명사구가 술어로 쓰인 문장으로 시간, 나이, 날짜, 가격 등 숫자를 언급하는 문장에 주로 사용됩니다. 일반적으로 명사술어문의 긍정문에는 '~이다'라는 뜻의 '是 shì'를 생략하여 말합니다.

주어 + 명사(구)술어

现在(是)三点四十分。   지금은 3시 40분이야.
Xiànzài (shì) sān diǎn sìshí fēn.

我(是)二十一岁。   나는 스물한 살이야.
Wǒ (shì) èrshíyī suì.

❺ 명사술어문의 부정문

명사술어문의 긍정문은 '是 shì'를 쓰지 않고 명사(구)나 수량사가 술어 자리에 제시되어도 올바른 문장이되지만, 부정문일 때는 반드시 '不是 bú shì'로 제시해야 합니다.

주어 + 不是 + 명사(구)술어

现在不是三点四十分。   지금은 3시 40분이 아니야.
Xiànzài bú shì sān diǎn sìshí fēn.

我不是二十一岁。   나는 스물한 살이 아니야.
Wǒ bú shì èrshíyī suì.

문장으로 연습해요!

음원을 들으며 다음 제시된 문장을 반복해서 따라 말해 보세요.

❶ A 현재 几点?
씨엔 짜이 지 디엔
现在**几点**?
Xiànzài jǐ diǎn?

지금은 몇 시니?

B 씨엔 짜이 리앙 디엔 링 우 펀
现在**两点零五分**。
Xiànzài liǎng diǎn líng wǔ fēn.

지금은 2시 5분이야.

❷ A 니 지 디엔 츄 파
你**几点**出发?
Nǐ jǐ diǎn chūfā?

너는 몇 시에 출발하니?

B 우어 우 디엔 빤 츄 파
我**五点半**出发。
Wǒ wǔ diǎn bàn chūfā.

나는 5시 반에 출발해.

❸ A

훼이 이 지 디엔 카이 스
会议**几点**开始?
Huìyì jǐ diǎn kāishǐ?

회의는 몇 시에 시작하니?

B

훼이 이 스 디엔 이 크어 카이 스
会议**十点一刻**开始。
Huìyì shí diǎn yíkè kāishǐ.

회의는 10시 15분에 시작해.

❹ A

니 쭈어 지 디엔 더 페이 지
你坐**几点**的飞机?
Nǐ zuò jǐ diǎn de fēijī?

너는 몇 시 비행기를 타니?

B

우어 쭈어 씨아 우 쓰 디엔 더 페이 지
我坐**下午四点**的飞机。
Wǒ zuò xiàwǔ sì diǎn de fēijī.

나는 오후 4시 비행기를 타.

실전처럼 말해봐요!

김은지 我们几点上课?
Wǒmen jǐ diǎn shàngkè?

왕웨이 九点。现在几点?
Jiǔ diǎn. Xiànzài jǐ diǎn?

김은지 现在八点四十(分)。
Xiànzài bā diǎn sìshí (fēn).

왕웨이 那我们先买杯咖啡吧。
Nà wǒmen xiān mǎi bēi kāfēi ba.

📌 새 단어

- 上课 shàngkè 동 수업하다
- 先 xiān 부 먼저, 우선
- 吧 ba 조 ~하자, ~해요[제안을 나타냄]

🎙 한국어 뜻만 보고, 중국어로 말하는 연습을 해 보세요!

김은지 우리 몇 시에 수업하니?

왕웨이 9시야. 지금은 몇 시니?

김은지 지금은 8시 40분이야.

왕웨이 그럼 우리 먼저 커피 사자.

 **중국어 더 알아봐요!** 　**시간 표현에서의 分 생략**

시간을 말할 때 '분'을 나타내는 '分 fēn'은 상황에 따라 생략할 수 있습니다. '분'이 두 자리 숫자일 경우 '分'을 생략할 수 있으며, 한 자리 숫자일 경우에는 반드시 제시해야 합니다.

예　三点十五(分)。 Sān diǎn shíwǔ (fēn).　3시 15분이야.

　　八点零五(分)。 Bā diǎn líng wǔ (fēn).　8시 5분이야. ('零五'는 두 자리 숫자로 간주하므로 '分' 생략 가능)

　　八点五分。 Bā diǎn wǔ fēn.　8시 5분이야. ('五'는 한 자리 숫자이므로 '分' 생략 불가)

복습하며 풀어봐요!

1 녹음을 듣고 중국어로 빈칸을 채운 후, 한국어로 해석해 보세요.

❶ 现在两点 ＿＿＿＿＿＿＿＿。　　　**❷** 现在不是 ＿＿＿＿＿＿＿＿。

　　[해석] ＿＿＿＿＿＿＿＿　　　　　　[해석] ＿＿＿＿＿＿＿＿

❸ 会议 ＿＿＿＿＿＿＿ 开始。　　　**❹** 我们 ＿＿＿＿＿＿＿ 上课?

　　[해석] ＿＿＿＿＿＿＿＿　　　　　　[해석] ＿＿＿＿＿＿＿＿

2 다음 문장을 읽고 올바른 문장으로 고쳐 써 보세요.

❶ 现在八点五。　　　지금은 8시 5분이야.

　▶ ＿＿＿＿＿＿＿＿＿＿＿＿＿。

❷ 你几点的飞机坐?　　　너는 몇 시 비행기를 타니?

　▶ ＿＿＿＿＿＿＿＿＿＿＿＿＿?

❸ 我们先杯咖啡买吧。　우리 먼저 커피 사자.

　▶ ＿＿＿＿＿＿＿＿＿＿＿＿＿。

3 다음 빈칸을 채워 대화를 완성해 보세요.

Ⓐ 我们 ＿＿＿＿＿＿＿ 出发？　　우리는 몇 시에 출발하니?

　Wǒmen ＿＿＿＿＿＿＿ chūfā?

Ⓑ 我们 ＿＿＿＿＿＿＿ 出发。　　우리는 4시 50분에 출발해.

　Wǒmen ＿＿＿＿＿＿＿ chūfā.

직접 쓰며 익히는 중국어 간화자!

点
HSK 1급
diǎn　양 (시간의) 시

分
HSK 1급
fēn　양 (시간의) 분

两
HSK 1급
liǎng　수 2, 둘

半
HSK 1급
bàn　수 반, 절반, 30분

零
HSK 1급
líng　수 0, 영, 제로

刻

HSK 3급

kè 양 15분

飞机

HSK 1급

fēijī 명 비행기

开始

HSK 2급

kāishǐ 동 시작하다

出发

HSK 3급

chūfā 명 출발 동 출발하다

会议

HSK 3급

huìyì 명 회의

UNIT 13

너는 며칠에 중국 가니?

你几号去中国?

Nǐ jǐ hào qù Zhōngguó?

📖 학습 내용을 미리 살펴봐요!

이번 과에서는 '오늘은 며칠이니?', '오늘은 3월 5일이야'와 같이 날짜를 묻고 답하는 표현을 학습해 보려고 합니다. 날짜를 묻고 답하는 표현을 배우고 나면, 생일이나 기념일 등 일상생활에서 자주 쓰이는 날짜 표현을 자연스럽게 말할 수 있게 됩니다.

📙 주요 단어를 미리 확인해요!

🎧 TRACK 13-01

月 yuè 명 월, 달	号 hào 명 일[날짜를 가리킴]	日 rì 명 일[날짜를 가리킴]	圣诞节 Shèngdàn Jié 명 크리스마스, 성탄절
演唱会 yǎnchànghuì 명 콘서트	回国 huí guó 동 귀국하다	日子 rìzi 명 날	国庆节 Guóqìng Jié 명 국경절

개념부터 알아봐요!

날짜를 나타내는 표현

❶ 날짜 표현

중국어로 '월'은 '月 yuè'라고 하며 '일'은 구어체로 '号 hào', 문어체로 '日 rì'라고 합니다. 날짜를 물을 때는 '几月几号? jǐ yuè jǐ hào?'라고 표현합니다.

1월	2월	5월	10월	12월
一月 yī yuè	二月 èr yuè	五月 wǔ yuè	十月 shí yuè	十二月 Shí'èr yuè

1일	2일	10일	25일	31일
一号 yī hào	二号 èr hào	十号 shí hào	二十五号 èrshíwǔ hào	三十一号 sānshíyī hào

Ⓐ 今天几月几号?
Jīntiān jǐ yuè jǐ hào?
오늘은 몇 월 며칠이니?

Ⓑ 今天五月三十号。
Jīntiān wǔ yuè sānshí hào.
오늘은 5월 30일이야.

TIP
'월'과 '일'을 나타낼 때 숫자 '一 yī'는 성조 변화 없이 제1성으로 발음해요.

❷ 월·일 표현의 위치

월·일 표현은 날짜를 나타내는 명사구로 명사술어문에서 술어로 쓰이거나 동사(술어) 앞에 놓여 부사어로 쓰이며, 문장에서 주어의 역할을 하기도 합니다.

| 술어 | 今天七月二十二号。
Jīntiān qī yuè èrshí'èr hào. | 오늘은 7월 22일이야. |

| 부사어 | 我三月十一号去中国。
Wǒ sān yuè shíyī hào qù Zhōngguó. | 나는 3월 11일에 중국 가.
(동사 '去' 앞에 놓여 부사어로 쓰임) |

| 주어 | 十二月二十五号是圣诞节。
Shí'èr yuè èrshíwǔ hào shì Shèngdàn Jié. | 12월 25일은 크리스마스야. |

TIP
월·일이 주어로 쓰일 때는 반드시 '是 shì'를 제시해야 해요.

음원을 들으며 다음 제시된 문장을 반복해서 따라 말해 보세요.

1

밍 티엔 지 위에 지 하오

A 明天几月几号?
Míngtiān jǐ yuè jǐ hào?

내일은 몇 월 며칠이니?

밍 티엔 이 위에 스 우 하오

B 明天一月十五号。
Míngtiān yī yuè shíwǔ hào.

내일은 1월 15일이야.

2

이엔 챵 훼이 스 지 위에 지 하오

A 演唱会(是)几月几号?
Yǎnchànghuì (shì) jǐ yuè jǐ hào?

콘서트는 몇 월 며칠이니?

이엔 챵 훼이 스 얼 위에 스 얼 하오

B 演唱会(是)二月十二号。
Yǎnchànghuì (shì) èr yuè shí'èr hào.

콘서트는 2월 12일이야.

---

❸ **A** 니 지 위에 지 하오 훼이 구어
你几月几号回国?
Nǐ jǐ yuè jǐ hào huí guó?

너는 몇 월 며칠에 귀국하니?

B 우어 쓰 위에 얼 스 지우 하오 훼이 구어
我四月二十九号回国。
Wǒ sì yuè èrshíjiǔ hào huí guó.

나는 4월 29일에 귀국해.

❹ **A** 스 위에 이 하오 스 션 머 르 즈
十月一号是什么日子?
Shí yuè yī hào shì shénme rìzi?

10월 1일은 무슨 날이니?

B 스 위에 이 하오 스 구어 칭 지에
十月一号是国庆节。
Shí yuè yī hào shì Guóqìng Jié.

10월 1일은 국경절이야.

실전처럼 말해봐요!

왕웨이 你几号去韩国？
Nǐ jǐ hào qù Hánguó?

김은지 八月十五号。
Bā yuè shíwǔ hào.

왕웨이 几号回来？我接你吧。
Jǐ hào huílái? Wǒ jiē nǐ ba.

김은지 二十号回来。没事儿，不用接。
Èrshí hào huílái. Méishìr, búyòng jiē.

- 回来 huílái 图 돌아오다
- 接 jiē 图 맞이하다, 마중하다
- 没事儿 méishìr 괜찮다, 상관없다
- 不用 búyòng 图 ~할 필요가 없다

🎤 **한국어 뜻만 보고, 중국어로 말하는 연습을 해 보세요!**

왕웨이 너는 며칠에 한국 가니?

김은지 8월 15일이야.

왕웨이 며칠에 돌아오니? 내가 데리러 갈게.

김은지 20일에 돌아와. 괜찮아, 안 데리러 와도 돼.

💡 **중국어 더 알아봐요!** **不用의 용법**

'不用 búyòng'은 '~할 필요가 없다', '~하지 않아도 된다'라는 뜻으로 상대방에게 어떤 행동을 굳이 할 필요가 없음을 부드럽게 전달할 때 사용합니다.

예 不用担心。Búyòng dānxīn. 걱정할 필요 없어.

- 担心 dānxīn 图 걱정하다, 염려하다

1 녹음을 듣고 중국어로 빈칸을 채운 후, 한국어로 해석해 보세요.

❶ 明天 __________ 。　　❷ 我 __________ 去中国。

해석 __________　　해석 __________

❸ 十月一号是 __________ ?　　❹ 没事儿, __________ 。

해석 __________　　해석 __________

2 다음 문장을 읽고 올바른 문장으로 고쳐 써 보세요.

❶ 你几号韩国去?　　너는 며칠에 한국 가니?

▶ __________ ?

❷ 十二月二十五号圣诞节。　　12월 25일은 크리스마스야.

▶ __________ 。

❸ 演唱会(是)两月十二号。　　콘서트는 2월 12일이야.

▶ __________ 。

3 다음 빈칸을 채워 대화를 완성해 보세요.

Ⓐ 你 __________ 回国?　　너는 몇 월 며칠에 귀국하니?

Nǐ __________ huí guó?

Ⓑ 我 __________ 回国。　　나는 4월 29일에 귀국해.

Wǒ __________ huí guó.

직접 쓰며 익히는 중국어 간화자!

月 **HSK 1급**
yuè　명 월, 달

月 月 月 月

号 **HSK 1급**
hào　명 일[날짜를 가리킴]

号 号 号 号 号 号

接 **HSK 3급**
jiē　동 맞이하다, 마중하다

接接接接接接接接接接接

不用 **HSK 3급**
búyòng　동 ~할 필요가 없다

不 不 不 不
用 用 用 用 用

担心 **HSK 3급**
dānxīn　동 걱정하다, 염려하다

担 担 担 担 担 担 担 担
心 心 心 心

日子
HSK 4급
rìzi　명 날

日日日日
子子子

日	子						

回国
huí guó　동 귀국하다

回回回回回回
国国国国国国国国

回	国						

没事儿
HSK 1급
méishìr　　괜찮다, 상관없다

没没没没没没没
事事事事事事事事
儿儿

没	事	儿					

圣诞节
Shèngdàn Jié　명 크리스마스, 성탄절

圣圣圣圣圣
诞诞诞诞诞诞诞
节节节节节

圣	诞	节					

演唱会
yǎnchànghuì　명 콘서트

演演演演演演演演演演演演演
唱唱唱唱唱唱唱唱唱唱唱
会会会会会会

演	唱	会					

토요일에 친구가 우리 집으로 와.

周六朋友来我家。

Zhōuliù péngyou lái wǒ jiā.

📖 학습 내용을 미리 살펴봐요!

이번 과에서는 '오늘은 무슨 요일이니?', '다음 주 금요일에 방학이야'와 같이 요일 표현을 배워 보려고 합니다. 앞에서 배운 시간, 날짜 표현과 더불어 요일 표현까지 학습하고 나면 구체적인 일정을 묻고, 약속을 정하는 등 다양한 상황에서 활용할 수 있습니다.

📖 주요 단어를 미리 확인해요!

🎧 TRACK 14-01

星期 xīngqī 명 요일, 주	周 zhōu 명 요일, 주	考试 kǎoshì 명 시험 동 시험을 보다	生日 shēngrì 명 생일
情人节 Qíngrén Jié 명 밸런타인데이	下周 xià zhōu 다음 주	出差 chūchāi 명 출장 동 출장하다	这周 zhè zhōu 이번 주
过 guò 동 보내다, 겪다, 경험하다	下(个)星期 xià (ge) xīngqī 다음 주	休息日 xiūxi rì 휴일	

개념부터 알아봐요!

요일을 나타내는 표현

① 요일 표현

중국어로 요일을 나타내는 단어는 '星期 xīngqī'와 '周 zhōu' 두 가지 표현이 있습니다. 요일을 말할 때는 '星期 xīngqī'나 '周 zhōu' 뒤에 숫자를 붙여 표현합니다. 요일을 물을 때는 '星期几? xīngqī jǐ?' 또는 '周几? zhōu jǐ?'라고 합니다.

월요일	화요일	수요일	목요일	금요일	토요일	일요일
星期一 xīngqīyī	星期二 xīngqī'èr	星期三 xīngqīsān	星期四 xīngqīsì	星期五 xīngqīwǔ	星期六 xīngqīliù	星期天(日) xīngqītiān(rì)
周一 zhōuyī	周二 zhōu'èr	周三 zhōusān	周四 zhōusì	周五 zhōuwǔ	周六 zhōuliù	周日 zhōurì

Ⓐ 今天星期几?
Jīntiān xīngqī jǐ?

오늘은 무슨 요일이니?

Ⓑ 今天星期五。
Jīntiān xīngqīwǔ.

오늘은 금요일이야.

'일요일'은 구어체로는 '星期天 xīngqītiān', 문어체로는 '星期日 xīngqīrì'라고 표현해요.

② 요일 표현의 위치

요일 표현은 명사술어문에서 술어로 쓰이거나 동사(술어) 앞에 놓여 부사어로 쓰이며, 문장에서 주어의 역할을 하기도 합니다.

| 술어 | 今天星期三。
Jīntiān xīngqīsān.

오늘은 수요일이야.

| 부사어 | 我周一有考试。
Wǒ zhōuyī yǒu kǎoshì.

나는 월요일에 시험이 있어.
(동사 '有' 앞에 놓여 부사어로 쓰임)

| 주어 | 星期天是他的生日。
Xīngqītiān shì tā de shēngrì.

일요일은 그의 생일이야.

요일이 주어로 쓰일 때는 반드시 '是 shì'를 제시해야 해요.

문장으로 연습해요!

음원을 들으며 다음 제시된 문장을 반복해서 따라 말해 보세요.

1

A 칭 런 지에 스 싱 치 지
情人节(是)星期几?
Qíngrén Jié (shì) xīngqī jǐ?

밸런타인데이는 무슨 요일이니?

B 칭 런 지에 스 싱 치 얼
情人节(是)星期二。
Qíngrén Jié (shì) xīngqī'èr.

밸런타인데이는 화요일이야.

2

A 니 씨아 져우 지 츄 챠이
你下周几出差?
Nǐ xià zhōu jǐ chūchāi?

너는 다음 주 무슨 요일에 출장 가니?

B 우어 씨아 져우 싼 츄 챠이
我下周三出差。
Wǒ xià zhōusān chūchāi.

나는 다음 주 수요일에 출장 가.

TIP '지난주'는 '上周 shàng zhōu'라고 해요.

---

❸

타 쯔어 져우 꾸어 성 르 마
Ⓐ 他这周过生日吗?
Tā zhè zhōu guò shēngrì ma?

그는 이번 주에 생일을 보내니?

타 쯔어 져우 리우 꾸어 성 르
Ⓑ 他这周六过生日。
Tā zhè zhōuliù guò shēngrì.

그는 이번 주 토요일에 생일을 보내.

❹

싱 치 지 스 시우 시 르
Ⓐ 星期几是休息日?
Xīngqī jǐ shì xiūxi rì?

무슨 요일이 휴일이니?

씨아 거 싱 치 우 스 시우 시 르
Ⓑ 下(个)星期五是休息日。
Xià (ge) xīngqīwǔ shì xiūxi rì.

다음 주 금요일이 휴일이야.

TIP 📌 '上(个) shàng (ge)'를 붙이면 '지난주 ~요일', '下(个) xià (ge)'를 붙이면 '다음 주 ~요일'이라는 의미를 나타내요.

실전처럼 말해봐요!

왕웨이 你周末做什么？
Nǐ zhōumò zuò shénme?

김은지 周六朋友来我家。
Zhōuliù péngyou lái wǒ jiā.

왕웨이 周日呢？有事儿吗？
Zhōurì ne? Yǒu shìr ma?

김은지 周日可能和朋友爬山。
Zhōurì kěnéng hé péngyou páshān.

새 단어
- 周末 zhōumò 명 주말
- 做 zuò 동 하다, 만들다
- 可能 kěnéng 부 아마도
- 爬山 páshān 동 등산하다

TIP '有事儿吗? Yǒu shìr ma?'는 '일정 있니?', '일 있니?'라는 뜻으로 상대방에게 일정이나 약속, 할 일이 있는지 등에 대해 가볍게 묻는 구어체 표현이에요.

🎙 한국어 뜻만 보고, 중국어로 말하는 연습을 해 보세요!

왕웨이 너는 주말에 뭐 하니?
김은지 토요일에 친구가 우리 집으로 와.
왕웨이 일요일은? 일정 있니?
김은지 일요일은 아마도 친구랑 등산할 것 같아.

💡 중국어 더 알아봐요!　요일과 관련된 표현

요일을 나타낼 때는 '周 zhōu', '星期 xīngqī' 이외에 '礼拜 lǐbài'라는 표현도 자주 사용합니다.

礼拜一 lǐbàiyī	礼拜二 lǐbài'èr	礼拜三 lǐbàisān	礼拜四 lǐbàisì	礼拜五 lǐbàiwǔ	礼拜六 lǐbàiliù	礼拜天(日) lǐbàitiān(rì)
월요일	화요일	수요일	목요일	금요일	토요일	일요일

- 礼拜 lǐbài 명 요일, 주

복습하며 풀어봐요!

1 녹음을 듣고 중국어로 빈칸을 채운 후, 한국어로 해석해 보세요.

❶ 情人节(是) ___________ 。

해석 ___________

❷ 我 ___________ 出差。

해석 ___________

❸ 他这周 ___________ 吗?

해석 ___________

❹ ___________ 是休息日。

해석 ___________

2 다음 문장을 읽고 올바른 문장으로 고쳐 써 보세요.

❶ 今天什么星期?　　오늘은 무슨 요일이니?

▶ ___________ ?

❷ 我周一考试有。　　나는 월요일에 시험이 있어.

▶ ___________ 。

❸ 星期七朋友来我家。　　일요일에 친구가 우리 집으로 와.

▶ ___________ 。

3 다음 빈칸을 채워 대화를 완성해 보세요.

Ⓐ 你周末 ___________ ?　　너는 주말에 뭐 하니?

Nǐ zhōumò ___________ ?

Ⓑ 我周末可能 ___________ 。　　나는 주말에 아마도 친구랑 등산할 것 같아.

Wǒ zhōumò kěnéng ___________ .

직접 쓰며 익히는 중국어 간화자!

做 `HSK 1급`
zuò　동 하다, 만들다

周 `HSK 2급`
zhōu　명 요일, 주

过 `HSK 2급`
guò　동 보내다, 겪다, 경험하다

星期 `HSK 1급`
xīngqī　명 요일, 주

考试 `HSK 2급`
kǎoshì　명 시험 동 시험을 보다

生日

shēngrì   명 생일

可能

kěnéng   부 아마도

周末

zhōumò   명 주말

出差

chūchāi   명 출장 동 출장하다

爬山

páshān   동 등산하다

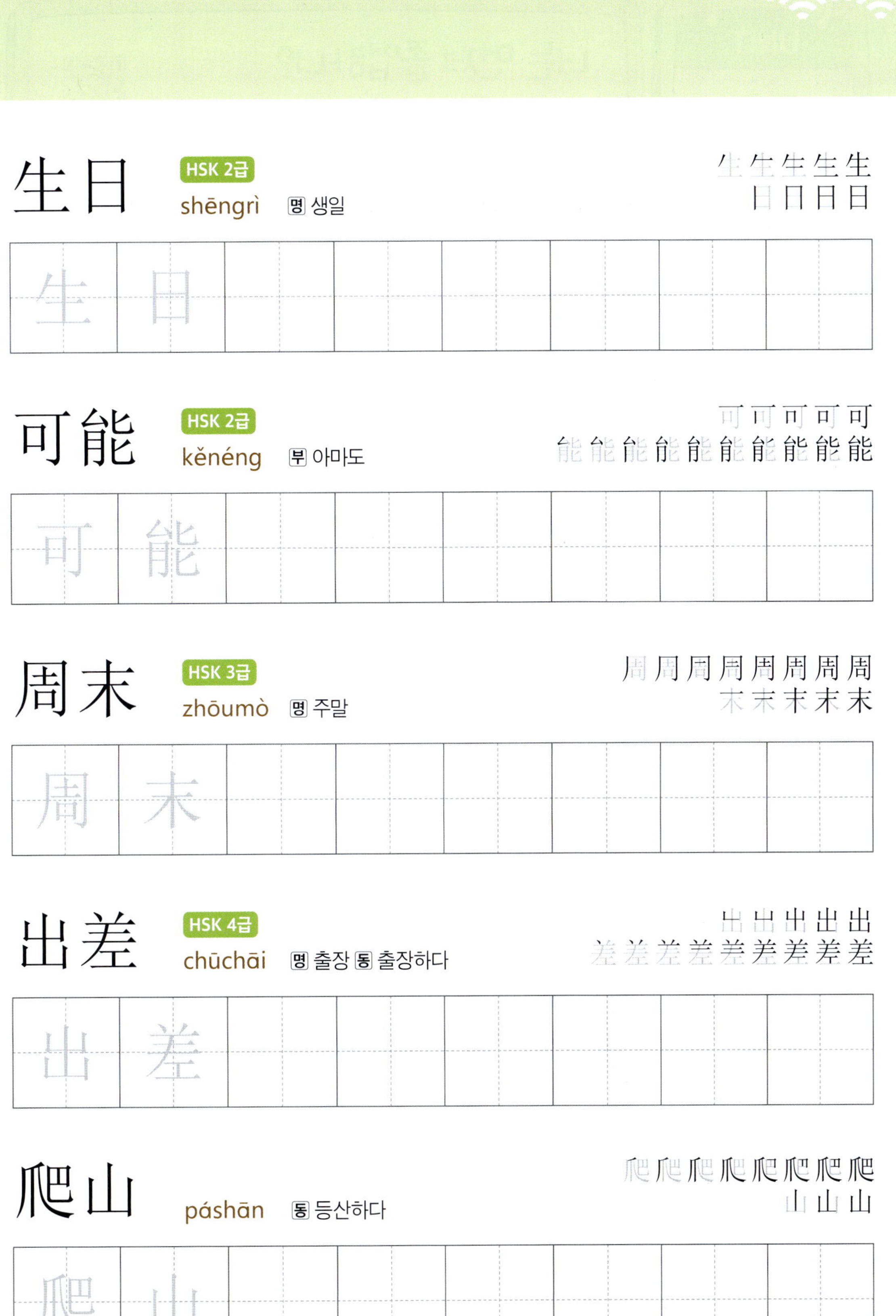

너는 언제 졸업하니?

你什么时候毕业?

Nǐ shénme shíhou bìyè?

UNIT 15 전체 음원

📖 학습 내용을 미리 살펴봐요!

일상생활에서 우리는 '너는 언제 출발하니?', '너는 언제 휴가니?'와 같이 상대방의 약속이나 일정을 자주 묻고는 합니다. 이번 과에서는 이러한 질문을 할 때 주로 사용하는 '什么时候 shénme shíhou' 표현을 배우고, 앞에서 학습한 시간, 요일, 날짜와 관련된 표현을 활용하여 다양한 문장을 연습해 봅시다.

📕 주요 단어를 미리 확인해요!

🎧 TRACK 15-01

什么时候 shénme shíhou 언제	休假 xiūjià 명 휴가 동 휴가를 보내다	见面 jiànmiàn 동 만나다	老板 lǎobǎn 명 사장, 주인
每天 měi tiān 매일	上班 shàngbān 동 출근하다	出院 chūyuàn 동 퇴원하다	活动 huódòng 명 행사, 활동 동 활동하다
结束 jiéshù 동 끝나다, 마치다			

개념부터 알아봐요!

때를 나타내는 표현

❶ 의문대사 什么时候

의문대사 '**什么时候** shénme shíhou'는 '언제'라는 뜻으로 특정 시간이나 시점, 때를 물을 때 사용하는 표현입니다. 일반적으로 '**什么时候**'는 주어 뒤에 위치합니다.

주어 **+** 什么时候 **+** 동사

你**什么时候**休假? 　　너는 언제 휴가니?
Nǐ shénme shíhou xiūjià?

我们**什么时候**见面? 　　우리는 언제 만나니?
Wǒmen shénme shíhou jiànmiàn?

> **TIP**
> '**什么时候** shénme shíhou'를 사용한 의문문에서는 '**吗** ma'를 함께 쓰지 않아요.

❷ 시간대별 표현

早上 zǎoshang 아침	上午 shàngwǔ 오전	中午 zhōngwǔ 정오, 점심(12시 전후)	下午 xiàwǔ 오후	晚上 wǎnshang 저녁, 밤
前天 qiántiān 그저께	昨天 zuótiān 어제	今天 jīntiān 오늘	明天 míngtiān 내일	后天 hòutiān 모레

我**后天**休假。 　　나는 모레 휴가야.
Wǒ hòutiān xiūjià.

我们**明天晚上**见面。 　　우리는 내일 저녁에 만나.
Wǒmen míngtiān wǎnshang jiànmiàn.

음원을 들으며 다음 제시된 문장을 반복해서 따라 말해 보세요.

❶

A 우어 먼 션 머 스 허우 츄 파
我们**什么时候**出发?　　우리는 언제 출발하니?
Wǒmen shénme shíhou chūfā?

B 우어 먼 중 우 츄 파
我们**中午**出发。　　우리는 점심에 출발해.
Wǒmen zhōngwǔ chūfā.

❷

A 라오 반 메이 티엔 션 머 스 허우 샹 빤
老板每天**什么时候**上班?　　사장님은 매일 언제 출근하시니?
Lǎobǎn měi tiān shénme shíhou shàngbān?

B 라오 반 메이 티엔 씨아 우 샹 빤
老板每天**下午**上班。　　사장님은 매일 오후에 출근하셔.
Lǎobǎn měi tiān xiàwǔ shàngbān.

3

A 타 션 머 스 허우 츄 위엔
他**什么时候**出院?
Tā shénme shíhou chūyuàn?

그는 언제 퇴원하니?

B 타 씨아 져우 이 츄 위엔
他**下周一**出院。
Tā xià zhōuyī chūyuàn.

그는 다음 주 월요일에 퇴원해.

4

A 후어 똥 션 머 스 허우 지에 슈
活动**什么时候**结束?
Huódòng shénme shíhou jiéshù?

행사는 언제 끝나니?

B 후어 똥 진 티엔 완 샹 지에 슈
活动**今天晚上**结束。
Huódòng jīntiān wǎnshang jiéshù.

행사는 오늘 저녁에 끝나.

실전처럼 말해봐요!

김은지 你什么时候毕业?
Nǐ shénme shíhou bìyè?

왕웨이 我明年毕业。
Wǒ míngnián bìyè.

김은지 毕业后找工作吗?
Bìyè hòu zhǎo gōngzuò ma?

왕웨이 不，我读研究生。
Bù, wǒ dú yánjiūshēng.

새 단어

- 毕业 bìyè 명 졸업 동 졸업하다
- 明年 míngnián 명 내년
- 后 hòu 명 후, 뒤, 나중, 이후
- 找 zhǎo 동 찾다
- 工作 gōngzuò 명 일, 업무 동 일하다
- 读 dú 동 학교에 다니다, 공부하다, 읽다
- 研究生 yánjiūshēng 명 석사, 대학원생

🎤 한국어 뜻만 보고, 중국어로 말하는 연습을 해 보세요!

김은지 너는 언제 졸업하니?

왕웨이 나는 내년에 졸업해.

김은지 졸업한 후에 취직할 거니?

왕웨이 아니, 나는 대학원에 다닐 거야.

💡 중국어 더 알아봐요! **读의 용법**

동사 '读 dú'의 기본 의미는 '읽다'이지만 상황에 따라 '공부하다', '학교에 다니다'와 같은 의미로도 사용됩니다.

예 我读书。 Wǒ dú shū. 나는 책을 읽어.

我在大学读中文。 Wǒ zài dàxué dú Zhōngwén. 나는 대학에서 중국어를 공부해.

我在北京读大学。 Wǒ zài Běijīng dú dàxué. 나는 베이징에서 대학을 다녀.

- 大学 dàxué 명 대학 · 中文 Zhōngwén 고유 중국어 · 北京 Běijīng 고유 베이징[지명]

복습하며 풀어봐요!

1 녹음을 듣고 중국어로 빈칸을 채운 후, 한국어로 해석해 보세요.

❶ 我们什么时候 ___________ ?

해석 ___________

❷ 老板 ___________ 下午上班。

해석 ___________

❸ 他 ___________ 出院。

해석 ___________

❹ 我读 ___________ 。

해석 ___________

2 다음 문장을 읽고 올바른 문장으로 고쳐 써 보세요.

❶ 你休假什么时候?　　　너는 언제 휴가니?

▶ ___________ ?

❷ 毕业后工作找吗?　　　졸업한 후에 취직할 거니?

▶ ___________ ?

❸ 活动结束今天晚上。　　　행사는 오늘 저녁에 끝나.

▶ ___________ 。

3 다음 빈칸을 채워 대화를 완성해 보세요.

Ⓐ 你 ___________ 毕业?　　너는 언제 졸업하니?

Nǐ ___________ bìyè?

Ⓑ 我 ___________ 毕业。　　나는 내년에 졸업해.

Wǒ ___________ bìyè.

读

HSK 1급

dú   图 학교에 다니다, 공부하다, 읽다

读 读 读 读 读 读 读 读 读 读

找

HSK 1급

zhǎo   图 찾다

找 找 找 找 找 找 找

工作

HSK 1급

gōngzuò   명 일, 업무 图 일하다

工 工 工
作 作 作 作 作 作 作

晚上

HSK 1급

wǎnshang   명 저녁, 밤

晚 晚 晚 晚 晚 晚 晚 晚 晚 晚 晚
上 上 上

中文

HSK 1급

Zhōngwén   고유 중국어

中 中 中 中
文 文 文 文

休假
xiūjià

명 휴가 동 휴가를 보내다

见面 HSK 3급
jiànmiàn

동 만나다

出院 HSK 3급
chūyuàn

동 퇴원하다

结束 HSK 3급
jiéshù

동 끝나다, 마치다

活动 HSK 4급
huódòng 명 행사, 활동 동 활동하다

회원은 몇 퍼센트 할인되나요?

会员打几折?

Huìyuán dǎ jǐ zhé?

📖 학습 내용을 미리 살펴봐요!

이번 과에서는 '이것은 얼마예요?', '이 가방은 150위안이에요', '이 옷은 30% 할인해요'와 같이 가격을 묻고 답하는 표현과 중국의 화폐 단위, 그리고 할인율을 나타내는 표현까지 배워 보려고 합니다. 이 표현을 익히고 나면 옷가게나 마트 등에서 물건의 가격이나 할인 여부를 자연스럽게 묻고 답할 수 있습니다.

📔 주요 단어를 미리 확인해요!

🎧 TRACK 16-01

人民币 rénmínbì 명 인민폐	**块/元** kuài/yuán 양 위안[중국의 화폐 단위]	**毛/角** máo/jiǎo 양 마오[중국의 화폐 단위]	**分** fēn 양 펀[중국의 화폐 단위]
百 bǎi 수 100, 백	**千** qiān 수 1,000, 천	**万** wàn 수 10,000, 만	**这个** zhège 대 이, 이것
书包 shūbāo 명 책가방	**多少** duōshao 대 얼마, 몇	**包** bāo 명 가방	**双** shuāng 양 쌍, 켤레 [쌍을 이루는 것을 세는 단위]
运动鞋 yùndòngxié 명 운동화	**玩具** wánjù 명 장난감, 완구	**打折** dǎzhé 동 할인하다	

중국 화폐와 관련된 표현

❶ 중국의 화폐 단위

중국의 화폐는 '人民币 rénmínbì 인민폐'라고 합니다. 화폐 단위는 구어체로 '块 kuài', '毛 máo', '分 fēn'이라고 하고, 문어체로는 '元 yuán', '角 jiǎo', '分 fēn'이라고 합니다.

1元	10元	100元	1,000元	10,000元
一块 yí kuài	十块 shí kuài	一百块 yìbǎi kuài	一千块 yìqiān kuài	一万块 yíwàn kuài

❷ 중국의 화폐 읽는 법

1) 숫자 '2'가 단독으로 쓰일 때는 '两 liǎng'으로 읽습니다.

　　위안 → 两块 liǎng kuài ｜ 0.2위안 → 两毛 liǎng máo

2) 숫자 '20'은 '二 èr'로 읽습니다.

　　20위안 → 二十块 èrshí kuài

3) 숫자 중간에 '0'이 있는 경우 그 개수와 상관없이 '零 líng'은 한 번만 읽습니다.

　　3,004위안 → 三千零四块 sānqiān líng sì kuài

4) 숫자 끝에 '0'이 있는 경우 그 개수와 상관없이 '0'을 읽지 않으며, 단위를 생략할 수 있습니다.

　　650위안 → 六百五(十块) liùbǎi wǔ(shí kuài) ｜ 4,100위안 → 四千一(百块) sìqiān yì(bǎi kuài)

5) 단, 숫자의 중간과 끝에 '0'이 제시되면 단위를 생략하지 않습니다.

　　6,050 위안 → 六千零五十块 liùqiān líng wǔshí kuài

❸ 가격을 묻고 답하는 표현

가격을 물어볼 때는 '얼마'라는 뜻을 나타내는 '多少 duōshao'를 사용합니다. '多少'는 10 이상의 수량을 묻거나 금액을 물을 때 쓰는 표현입니다.

Ⓐ 这个书包多少钱?　　이 책가방은 얼마예요?
　Zhège shūbāo duōshao qián?

Ⓑ 两百块钱。　　200위안입니다.
　Liǎngbǎi kuài qián.

문장으로 연습해요!

음원을 들으며 다음 제시된 문장을 반복해서 따라 말해 보세요.

❶

A 쯔어 거 빠오 뚜어 샤오 치엔
这个包多少钱?
이 가방은 얼마예요?
Zhège bāo duōshao qián?

B 쯔어 거 빠오 이 바이 우 스 콰이 치엔
这个包一百五(十块钱)。
이 가방은 150위안이에요.
Zhège bāo yìbǎi wǔ(shí kuài qián).

TIP 금액이 명확한 경우 화폐 단위인 '块 kuài'와 화폐를 뜻하는 명사 '钱 qián'을 생략하고 숫자만 말할 수 있어요.

❷

A 나 슈앙 윈 똥 시에 뚜어 샤오 치엔
那双运动鞋多少钱?
저 운동화는 얼마예요?
Nà shuāng yùndòngxié duōshao qián?

B 나 슈앙 윈 똥 시에 우 바이 지우 스 빠 콰이 치엔
那双运动鞋五百九十八(块钱)。
저 운동화는 598위안이에요.
Nà shuāng yùndòngxié wǔbǎi jiǔshíbā (kuài qián).

3 **A** 빠오 즈 뚜어 샤오 치엔 이 거
包子**多少钱**一个?　　찐빵 한 개에 얼마예요?
Bāozi duōshao qián yí ge?

B 빠오 즈 리앙 마오 우　펀　이 거
包子**两毛五**(分)一个。　찐빵 한 개에 2마오 5펀이에요.
Bāozi liǎng máo wǔ (fēn) yí ge.

TIP '两毛五 liǎng máo wǔ'처럼 금액이 이미 '分 fēn' 단위까지 명확하게 드러나 있는 경우에는 뒤에 '分'을 따로 말하지 않고 생략하여 표현할 수 있어요.

4 **A** 쯔어 거 완 쥐 다 지 즈어
这个玩具**打几折**?　　이 장난감은 몇 퍼센트 할인되나요?
Zhège wánjù dǎ jǐ zhé?

B 쯔어 거 완 쥐 다 우 즈어
这个玩具**打五折**。　　이 장난감은 50% 할인해요.
Zhège wánjù dǎ wǔ zhé.

TIP '打折 dǎzhé'는 '할인하다'라는 뜻으로 '打'와 '折' 사이에 1~9까지의 숫자를 넣어 할인율을 표현해요.
打七折 dǎ qī zhé 30% 할인

실전처럼 말해봐요!

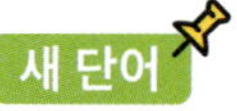

밍밍 这件衣服多少钱?
Zhè jiàn yīfu duōshao qián?

점원 这是羊毛大衣，1,000块。
Zhè shì yángmáo dàyī, yìqiān kuài.

밍밍 会员打几折?
Huìyuán dǎ jǐ zhé?

점원 会员打八折，800块。
Huìyuán dǎ bā zhé, bābǎi kuài.

새 단어

- 羊毛 yángmáo 명 울, 양털
- 会员 huìyuán 명 회원

TIP

중국에서는 할인율을 나타낼 때 우리나라와 달리 퍼센트(%)로 표기된 숫자만큼 지불하는 방식이에요. 예를 들어 '打八折 dǎ bā zhé'라고 적혀 있으면 전체 금액의 80%만 지불하고, 20%만 할인 받는다라는 의미예요.

🎙 한국어 뜻만 보고, 중국어로 말하는 연습을 해 보세요!

밍밍 이 옷은 얼마예요?
점원 이 옷은 울 코트이고, 1,000위안입니다.
밍밍 회원은 몇 퍼센트 할인되나요?
점원 회원은 20% 할인돼서 800위안입니다.

💡 중국어 더 알아봐요! **多少钱 이외에 가격 묻는 표현**

중국에서는 물건을 살 때 '얼마예요?'라는 뜻의 '多少钱？duōshao qián?' 외에도 '怎么卖？zěnme mài?'라는 표현을 자주 사용합니다. '怎么卖？'는 '어떻게 팔아요?'라는 뜻으로 상대방이 물건의 가격을 어떻게 정해서 파는지를 물어보는 표현입니다. 특히 가격 표시가 없는 시장, 노점, 작은 가게 등에서 많이 쓰입니다.

예 苹果怎么卖? Píngguǒ zěnme mài?　사과는 어떻게 팔아요?

· 怎么 zěnme 대 어떻게 · 卖 mài 동 팔다

# 복습하며 풀어봐요!

1 녹음을 듣고 중국어로 빈칸을 채운 후, 한국어로 해석해 보세요.

❶ 这个包 ____________？　　❷ 包子 ____________ 一个。

　해석 ____________　　　　　　해석 ____________

❸ 这个玩具 ____________。　　❹ 这是羊毛 ____________。

　해석 ____________　　　　　　해석 ____________

2 다음 문장을 읽고 올바른 문장으로 고쳐 써 보세요.

❶ 那张运动鞋多少钱?　　　저 운동화는 얼마예요?

▶ ____________ ?

❷ 这件衣服七打折。　　　　이 옷은 30% 할인해요.

▶ ____________ 。

❸ 这个十五八块毛。　　　　이것은 15위안 8마오예요.

▶ ____________ 。

3 다음 빈칸을 채워 대화를 완성해 보세요.

Ⓐ 会员 ____________？　　회원은 몇 퍼센트 할인되나요?

Huìyuán ____________ ?

Ⓑ 会员 ____________，800块。　회원은 20% 할인돼서 800위안입니다.

Huìyuán ____________, bābǎi kuài.

块
HSK 1급
kuài
양 위안[중국의 화폐 단위]

块 块 块 块 块 块 块

百
HSK 1급
bǎi
수 100, 백

百 百 百 百 百 百

千
HSK 1급
qiān
수 1,000, 천

千 千 千

万
HSK 2급
wàn
수 10,000, 만

万 万 万

卖
HSK 1급
mài
동 팔다

卖 卖 卖 卖 卖 卖 卖 卖

双 HSK 3급
shuāng 양 쌍, 켤레[쌍을 이루는 것을 세는 단위]

双 双 双 双

双

多少 HSK 1급
duōshao 대 얼마, 몇

多 多 多 多 多 多
少 少 少 少

多 少

怎么 HSK 1급
zěnme 대 어떻게

怎 怎 怎 怎 怎 怎 怎 怎 怎
么 么 么

怎 么

书包 HSK 2급
shūbāo 명 책가방

书 书 书 书
包 包 包 包 包

书 包

打折 HSK 4급
dǎzhé 동 할인하다

打 打 打 打 打
折 折 折 折 折 折 折

打 折

얼음 조금만 넣어 주세요.

少放一点儿冰。

Shǎo fàng yìdiǎnr bīng.

UNIT 17 전체 음원

📖 학습 내용을 미리 살펴봐요!

이번 과에서는 상대방에게 무언가를 부탁하거나 제안할 때 표현을 한층 더 부드럽게 만들어 주는 '一点儿 yìdiǎnr'에 대해 학습해 보려고 합니다. 이 표현을 배우고 나면 '얼음 조금만 넣어 주세요', '조금 싸게 해 주세요'와 같은 유용한 표현들을 유창하게 말할 수 있습니다.

📖 주요 단어를 미리 확인해요!

🎧 TRACK 17-01

一点儿 yìdiǎnr 수량 조금	辣椒 làjiāo 명 고추	便宜 piányi 형 저렴하다, 싸다	糖 táng 명 설탕, 사탕
小心 xiǎoxīn 동 조심하다, 주의하다	少 shǎo 부 조금, 적게 형 적다	放 fàng 동 넣다, 놓다	多 duō 부 많이
酒 jiǔ 명 술	小 xiǎo 형 작다, (나이가) 어리다	声 shēng 명 (목)소리	慢 màn 형 느리다
说 shuō 동 말하다	再 zài 부 더, 또, 재차	风 fēng 명 바람	

개념부터 알아봐요!

수량사 一点儿

❶ 동사 뒤에 위치할 때

'一点儿 yìdiǎnr'은 '조금', '약간'이라는 의미의 수량사로 정도나 양이 적음을 나타냅니다. 동사 뒤에 '一点儿 yìdiǎnr'이 오면 '(가볍게) 좀 ~하다'라는 의미로 상대방에게 부드럽게 요청하거나 제안할 때 쓰입니다. 또한 회화에서는 종종 '一 yì'를 생략하여 '点儿 diǎnr'로 줄여서 말할 수 있습니다.

| 동사 | + | (一)点儿 |

我要(一)点儿辣椒。　　　고추 좀 주세요.
Wǒ yào (yì)diǎnr làjiāo.

❷ 형용사 뒤에 위치할 때

형용사 뒤에 '一点儿 yìdiǎnr'이 오면 '좀 ~하다'라는 뜻으로 비교 또는 화자의 바람, 기대를 나타냅니다.

| 형용사 | + | (一)点儿 |

便宜(一)点儿吧。　　　조금 싸게 해 주세요.
Piányi (yì)diǎnr ba.

❸ 명사 앞에 위치할 때

명사 앞에 '一点儿 yìdiǎnr'을 쓰면 '조금의 ~', '약간의 ~'라는 의미를 나타냅니다.

| (一)点儿 | + | 명사 |

(一)点儿水　　　조금(소량)의 물
(yì)diǎnr shuǐ

문장으로 연습해요!

음원을 들으며 다음 제시된 문장을 반복해서 따라 말해 보세요.

❶ 우어 먼 츠 이 디 얼 바
我们吃(一)点儿吧。　　　우리 뭐 좀 먹자.
Wǒmen chī (yì)diǎnr ba.

TIP '我们吃(一)点儿吧'는 상대방에게 무엇인가를 조금 먹자고 가볍게 제안할 때 사용해요.

---

❷ 우어 야오 이 디 얼 탕
我要(一)点儿糖。　　　설탕 좀 주세요.
Wǒ yào (yì)diǎnr táng.

TIP 여기에서 '要 yào'는 '원하다', '필요하다'라는 뜻의 동사이지만, 가게나 식당 등에서 물건을 사거나 음식을
주문·요청할 때는 '~주세요'라는 의미로 사용해요.

---

❸ 니 먼 시아오 신 이 디 얼
你们小心(一)点儿。　　　너희들 좀 조심해.
Nǐmen xiǎoxīn (yì)diǎnr.

---

❹ 샤오 팡 이 디 얼 삥
少放(一)点儿冰。　　　얼음 조금만 넣어 주세요.
Shǎo fàng (yì)diǎnr bīng.

TIP '얼음 많이 넣어 주세요'라고 할 때는 '多放(一)点儿冰。Duō fàng (yì)diǎnr bīng.'이라고 해요.

---

❺ 니 샤오 흐어 이 디 얼 지우 바
你少喝(一)点儿酒吧。　　　너 술 좀 적게 마셔.
Nǐ shǎo hē (yì)diǎnr jiǔ ba.

6

니 먼 시아오 이 디 얼 성

你们小(一)点儿声。

Nǐmen xiǎo (yì)diǎnr shēng.

너희들 목소리 좀 낮춰.

7

니 만 이 디 얼 슈어 바

你慢(一)点儿说吧。

Nǐ màn (yì)diǎnr shuō ba.

너 천천히 좀 말해.

8

여우 메이 여우 따 이 디 얼 더

有没有大(一)点儿的?

Yǒu méiyǒu dà (yì)diǎnr de?

좀 더 큰 것 있나요, 없나요?

9

짜이 게이 우어 이 디 얼 쉐이 바

再给我(一)点儿水吧。

Zài gěi wǒ (yì)diǎnr shuǐ ba.

저 물 좀 더 주세요.

10

진 티엔 여우 이 디 얼 펑

今天有(一)点儿风。

Jīntiān yǒu (yì)diǎnr fēng.

오늘은 바람이 좀 불어.

실전처럼 말해봐요!

이유진 我要一杯冰美式，带走。
Wǒ yào yì bēi bīng měishì, dài zǒu.

점원 要大杯还是小杯?
Yào dà bēi háishi xiǎo bēi?

이유진 大杯，少放(一)点儿冰。
Dà bēi, shǎo fàng (yì)diǎnr bīng.

점원 好的，请稍等。
Hǎo de, qǐng shāo děng.

새 단어 📌

- 冰美式 bīng měishì 몡 아이스 아메리카노
- 带走 dài zǒu 통 테이크아웃하다
- 大杯 dà bēi 라지 사이즈, 그란데 사이즈
- 小杯 xiǎo bēi 숏 사이즈
- 请 qǐng 통 ~해 주세요, 요청하다
- 稍 shāo 부 잠시, 잠깐
- 等 děng 통 기다리다

🎙 **한국어 뜻만 보고, 중국어로 말하는 연습을 해 보세요!**

이유진 아이스 아메리카노 한 잔 주세요, 테이크아웃할게요.
점원 라지 사이즈로 드릴까요, 아니면 숏 사이즈로 드릴까요?
이유진 라지 사이즈로 주세요, 얼음 조금만 넣어 주세요.
점원 네, 잠시만 기다리세요.

💡 **중국어 더 알아봐요!** **음료 컵 사이즈 표현**

숏 사이즈(작은 컵)	톨 사이즈 또는 레귤러 사이즈(중간 컵)	라지 사이즈 또는 그란데 사이즈(큰 컵)	벤티 사이즈(아주 큰 컵)
小杯 xiǎo bēi	中杯 zhōng bēi	大杯 dà bēi	超大杯 chāo dà bēi

복습하며 풀어봐요!

1 녹음을 듣고 중국어로 빈칸을 채운 후, 한국어로 해석해 보세요.

❶ 我们 _______________ 吧。　**❷** 你 _______________ 说吧。

　　해석 _______________　　　　　　해석 _______________

❸ 再给我 _______________ 吧。　**❹** 我要 _______________ ，带走。

　　해석 _______________　　　　　　해석 _______________

2 다음 문장을 읽고 올바른 문장으로 고쳐 써 보세요.

❶ 你们(一)点儿小声。　　　너희들 목소리 좀 낮춰.

　▶ _______________ 。

❷ 你们(一)点儿小心。　　　너희들 좀 조심해.

　▶ _______________ 。

❸ 你喝少(一)点儿酒吧。　　너 술 좀 적게 마셔.

　▶ _______________ 。

3 다음 빈칸을 채워 대화를 완성해 보세요.

Ⓐ 要 _______ 还是 _______ ？　　　라지 사이즈로 드릴까요,
　　　　　　　　　　　　　　　　　　아니면 숏 사이즈로 드릴까요?
　Yào _______ háishi _______ ?

Ⓑ _______ ， _______ (一)点儿冰。　라지 사이즈로 주세요,
　　　　　　　　　　　　　　　　　　얼음 조금만 넣어 주세요.
　_______ ， _______ (yì)diǎnr bīng.

说 HSK 1급
shuō　⑧ 말하다

说 说 说 说 说 说 说 说 说

再 HSK 1급
zài　⑨ 더, 또, 재차

再 再 再 再 再 再

请 HSK 1급
qǐng　⑧ ~해 주세요, 요청하다

请 请 请 请 请 请 请 请 请 请

慢 HSK 2급
màn　⑧ 느리다

慢 慢 慢 慢 慢 慢 慢 慢 慢 慢 慢 慢 慢 慢 慢

等 HSK 2급
děng　⑧ 기다리다

等 等 等 等 等 等 等 等 等 等 等 等

糖　　**HSK 3급**
táng　　명 설탕, 사탕

糖糖糖糖糖糖糖糖糖糖糖糖糖糖糖

放　　**HSK 3급**
fàng　　동 넣다, 놓다

放放放放放放放放

稍　　**HSK 4급**
shāo　　부 잠시, 잠깐

稍稍稍稍稍稍稍稍稍稍稍稍

便宜　　**HSK 1급**
piányi　　형 저렴하다, 싸다

便便便便便便便便
宜宜宜宜宜宜宜宜

小心　　**HSK 3급**
xiǎoxīn　　동 조심하다, 주의하다

小小小
心心心心

여기는 시원하고 쾌적하네요.

这儿又凉快又舒服。
Zhèr yòu liángkuai yòu shūfu.

📖 학습 내용을 미리 살펴봐요!

이번 과에서는 '귀엽고 똑똑해', '잘생기고 키도 커'처럼 형용사를 연결하는 병렬 표현인 '又 yòu……又 yòu……'에 대해 학습해 보려고 합니다. 이 표현을 배우고 나면 두 가지 성질 혹은 상태를 자연스럽게 설명하고 묘사할 수 있습니다.

📖 주요 단어를 미리 확인해요!

🎧 TRACK 18-01

又 yòu [부] 또, 한편, 동시에	可爱 kě'ài [형] 귀엽다	聪明 cōngming [형] 똑똑하다	弟弟 dìdi [명] 남동생
个子 gèzi [명] 키	贵 guì [형] 비싸다	好看 hǎokàn [형] 예쁘다, 보기좋다	善良 shànliáng [형] 착하다, 선량하다
快 kuài [형] 빠르다 [부] 빨리	方便 fāngbiàn [형] 편리하다	舒服 shūfu [형] 편하다, 쾌적하다	鸡蛋 jīdàn [명] 달걀, 계란
健康 jiànkāng [형] 건강하다	条 tiáo [양] 가늘고 긴 것을 세는 단위	路 lù [명] 길	近 jìn [형] 가깝다

개념부터 알아봐요!

병렬 표현 又……又…… 

❶ 주어가 한 개일 때

'又 yòu A 又 yòu B'는 'A하면서 B하다', 'A하기도 하고 B하기도 하다'라는 뜻으로 두 가지 상태나 성질을 동시에 가질 때 사용하는 표현입니다. 주어가 한 개일 때는 주어를 문장 맨 앞에 쓰고, '又 yòu' 뒤에 각각의 형용사를 나열합니다.

주어 + 又 + 형용사 + 又 + 형용사

她又可爱又聪明。　　　그녀는 귀엽고 똑똑해.
Tā yòu kě'ài yòu cōngming.

❷ 주어가 두 개일 때

주어가 두 개일 때는 각각의 주어 뒤에 '又 yòu'를 넣고, 그 뒤에 주어마다 다른 형용사를 붙여 나타냅니다.

주어 + 又 + 형용사 + 주어 + 又 + 형용사

弟弟又帅个子又高。　　남동생은 잘생기고 키도 커.
Dìdi yòu shuài gèzi yòu gāo.

❸ 부정적인 의미를 강조할 때

형용사 위치에 부정적인 의미를 나타내는 형용사가 오면 그 의미를 더욱 강조할 수 있습니다.

주어 + 又 + (부정적 의미의) 형용사 + 又 + (부정적 의미의) 형용사

这件衣服又贵又不好看。　　이 옷은 비싸기도 하고 예쁘지도 않아.
Zhè jiàn yīfu yòu guì yòu bù hǎokàn.

문장으로 연습해요!

음원을 들으며 다음 제시된 문장을 반복해서 따라 말해 보세요.

---

❶ 우어 쭈이 찐 여우 망 여우 레이
我最近又忙又累。
Wǒ zuìjìn yòu máng yòu lèi.

나는 요즘 바쁘고 피곤해.

---

❷ 쯔어 거 차이 여우 라 여우 시엔
这个菜又辣又咸。
Zhège cài yòu là yòu xián.

이 음식은 맵고 짜.

---

❸ 타 여우 피아오리앙 여우 샨 리앙
她又漂亮又善良。
Tā yòu piàoliang yòu shànliáng.

그녀는 예쁘고 착해.

---

❹ 띠 티에 여우 콰이 여우 팡 비엔
地铁又快又方便。
Dìtiě yòu kuài yòu fāngbiàn.

지하철은 빠르고 편리해.

---

❺ 쯔어 슈앙 윈 뚱 시에 여우 피엔 이 여우 슈 푸
这双运动鞋又便宜又舒服。
Zhè shuāng yùndòngxié yòu piányi yòu shūfu.

이 운동화는 싸고 편해.

6
지 딴 여우 하오 츠 여우 찌엔 캉
鸡蛋又好吃又健康。
Jīdàn yòu hǎochī yòu jiànkāng.

달걀은 맛있고 건강해.

7
쯔어티아오 루 여우 찐 츠어 여우 샤오
这条路又近车又少。
Zhè tiáo lù yòu jìn chē yòu shǎo.

이 길은 가깝고 차도 적어.

8
진 티엔 여우 렁 펑 여우 따
今天又冷风又大。
Jīntiān yòu lěng fēng yòu dà.

오늘은 춥고 바람도 많이 불어.

9
베이 징 여우 따 런 여우 뚜어
北京又大人又多。
Běijīng yòu dà rén yòu duō.

베이징은 크고 사람도 많아.

10
쯔얼 여우 꿰이 차이 여우 뿌 하오 츠
这儿又贵菜又不好吃。
Zhèr yòu guì cài yòu bù hǎochī.

여기는 비싸고 음식도 맛없어.

실전처럼 말해봐요!

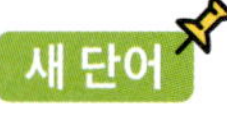

점원 您好，几位?
Nín hǎo, jǐ wèi?

밍밍 我们两个人。
Wǒmen liǎng ge rén.

점원 坐这儿，怎么样?
Zuò zhèr, zěnmeyàng?

밍밍 这儿又凉快又舒服，不错。
Zhèr yòu liángkuai yòu shūfu, búcuò.

새 단어

· 位 wèi 양 분[사람을 높여서 세는 단위]
· 怎么样 zěnmeyàng 대 어떠하다

TIP

사람을 높여 세는 단위인 '位 wèi'는 그 자체에 이미 '사람'이라는 의미가 포함되어 있기 때문에 뒤에 '人 rén'을 붙이지 않아요.
예 几位人? Jǐ wèi rén? (X)　几位? Jǐ wèi? (O) 몇 분이세요?

🎤 한국어 뜻만 보고, 중국어로 말하는 연습을 해 보세요!

점원 안녕하세요, 몇 분이세요?
밍밍 저희는 두 명이에요.
점원 여기에 앉으시는 것 어떠세요?
밍밍 여기는 시원하고 쾌적하네요, 좋아요.

💡 중국어 더 알아봐요!　怎么样의 용법

의문대사 '怎么样? zěnmeyàng?'은 '어때요?'라는 뜻으로 상대방의 상황이나 상태 또는 생각이나 의견을 물을 때 사용하는 표현입니다.

예 最近怎么样? Zuìjìn zěnmeyàng?　요즘 어때요?
这个菜的味道怎么样? Zhège cài de wèidao zěnmeyàng?　이 음식의 맛은 어때요?

· 味道 wèidao 명 맛

복습하며 풀어봐요!

1 녹음을 듣고 중국어로 빈칸을 채운 후, 한국어로 해석해 보세요.

❶ 这个菜 ＿＿＿＿＿＿＿＿＿＿ 。

[해석] ＿＿＿＿＿＿＿＿＿＿

❷ 今天又冷 ＿＿＿＿＿＿＿＿＿＿ 。

[해석] ＿＿＿＿＿＿＿＿＿＿

❸ 鸡蛋又好吃 ＿＿＿＿＿＿＿＿ 。

[해석] ＿＿＿＿＿＿＿＿＿＿

❹ 地铁又快 ＿＿＿＿＿＿＿＿＿＿ 。

[해석] ＿＿＿＿＿＿＿＿＿＿

2 다음 문장을 읽고 올바른 문장으로 고쳐 써 보세요.

❶ 这个又凉快又舒服。　여기는 시원하고 쾌적해.

▶ ＿＿＿＿＿＿＿＿＿＿＿＿＿＿ 。

❷ 这条路又近又车少。　이 길은 가깝고 차도 적어.

▶ ＿＿＿＿＿＿＿＿＿＿＿＿＿＿ 。

❸ 您好，几位人?　안녕하세요, 몇 분이세요?

▶ ＿＿＿＿＿＿＿＿＿＿＿＿＿＿ ?

3 다음 빈칸을 채워 대화를 완성해 보세요.

Ⓐ 你最近 ＿＿＿＿＿＿＿＿＿＿ ?　너는 요즘 어떻게 지내니?

Nǐ zuìjìn ＿＿＿＿＿＿＿＿＿＿ ?

Ⓑ 我最近 ＿＿＿＿＿＿＿＿＿＿ 。　나는 요즘 바쁘고 피곤해.

Wǒ zuìjìn ＿＿＿＿＿＿＿＿＿＿ .

직접 쓰며 익히는 중국어 간화자!

贵 HSK 1급
guì　형 비싸다

贵 贵 贵 贵 贵 贵 贵 贵 贵

快 HSK 2급
kuài　형 빠르다 부 빨리

快 快 快 快 快 快 快

近 HSK 2급
jìn　형 가깝다

近 近 近 近 近 近 近

又 HSK 3급
yòu　부 또, 한편, 동시에

又 又

鸡蛋 HSK 1급
jīdàn　명 달걀, 계란

鸡 鸡 鸡 鸡 鸡 鸡 鸡
蛋 蛋 蛋 蛋 蛋 蛋 蛋 蛋 蛋 蛋 蛋

舒服

HSK 2급

shūfu　　형 편하다, 쾌적하다

可爱

HSK 3급

kě'ài　　형 귀엽다

聪明

HSK 3급

cōngming　형 똑똑하다

方便

HSK 3급

fāngbiàn　형 편리하다

健康

HSK 3급

jiànkāng　형 건강하다

이걸로 좀 신어 보세요.

您试试这双吧。

Nín shìshi zhè shuāng ba.

📖 학습 내용을 미리 살펴봐요!

이번 과에서는 '한번 먹어 봐', '정리 좀 해'와 같이 상대방에게 가볍게 무언가를 시도해 보라고 말할 때 사용하는 동사 중첩 표현에 대해 학습해 보려고 합니다. 동사를 반복해서 쓰면 상대방에게 좀 더 부드럽고 친근하게 부탁이나 권유를 할 수 있습니다. 그럼 문장 안에서 어떻게 활용되는지 한번 알아볼까요?

📖 주요 단어를 미리 확인해요!

🎧 TRACK 19-01

问 **wèn** 동 묻다	准备 **zhǔnbèi** 동 준비하다	洗头 **xǐ tóu** 동 머리를 감다	试 **shì** 동 (시험 삼아) 해 보다, 시도하다
尝 **cháng** 동 맛보다	视频 **shìpín** 명 동영상	打扫 **dǎsǎo** 동 청소하다	房间 **fángjiān** 명 방
整理 **zhěnglǐ** 동 정리하다	考虑 **kǎolǜ** 동 생각하다, 고려하다	计划 **jìhuà** 명 계획 동 계획하다	散步 **sànbù** 동 산책하다
聊天(儿) **liáotiān(r)** 동 이야기하다			

동사 중첩

❶ 1음절 동사 중첩

중국어에서 동사를 중첩(반복)하면 '좀 ~해 보다, 한번 ~해 보다'라는 뜻을 나타냅니다. 이때 동작의 시간은 짧고 가볍게 시도하는 느낌을 주며, 말투는 부탁이나 권유의 부드러운 뉘앙스를 가집니다. 1음절 동사의 경우에는 AA 형태로 동사를 두 번 반복합니다. 이때 두 번째 A는 경성으로 발음합니다.

看 → 看看　　한번 봐 봐
kàn　　kànkan

问 → 问问　　한번 물어봐
wèn　　wènwen

TIP

1음절 동사를 중첩할 때 동사 사이에 '一 yī'를 넣어 말할 수 있으며, 이때 '一'는 경성으로 발음하고 두 번째 A는 기존 성조대로 발음해요.

예　看一看 kàn yi kàn
　　问一问 wèn yi wèn

❷ 2음절 동사 중첩

2음절 동사의 경우에는 ABAB 형태로 동사를 두 번 반복합니다. 중첩된 동사의 B는 경성으로 발음합니다.

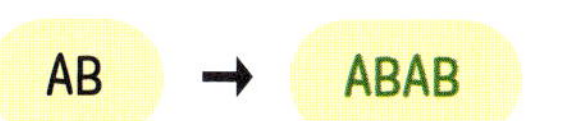

TIP

2음절 동사를 중첩할 때는 동사 사이에 '一 yī'를 넣어 말할 수 없어요.

准备 → 准备准备　　준비 좀 해
zhǔnbèi　　zhǔnbèi zhǔnbèi

동사+목적어로 이루어진 2음절 단어를 반복할 때는 앞의 동사만 한 번 더 반복하여 AAB 형태로 제시합니다.

见面 → 见见面　　한번 만나자
jiànmiàn　　jiànjiàn miàn

문장으로 연습해요!

음원을 들으며 다음 제시된 문장을 반복해서 따라 말해 보세요.

1 니 시 시 터우 바
你洗洗头吧。
Nǐ xǐxi tóu ba.

너 머리 좀 감아.

---

2 니 스 스 쯔어 슈앙 바
你试试这双吧。
Nǐ shìshi zhè shuāng ba.

너 이걸로 좀 신어 봐.

---

3 니 챵 챵 쯔어 거 차이 바
你尝尝这个菜吧。
Nǐ chángchang zhège cài ba.

너 이 요리 좀 맛 봐 봐.

---

4 니 먼 칸 칸 쯔어 거 스 핀
你们看看这个视频。
Nǐmen kànkan zhège shìpín.

너희들 이 동영상 좀 봐 봐.

---

5 우어 먼 시우 시 시우 시 바
我们休息休息吧。
Wǒmen xiūxi xiūxi ba.

우리 좀 쉬자.

6 니 다 사오 다 사오 팡 지엔 바
你打扫打扫房间吧。
Nǐ dǎsao dǎsao fángjiān ba.

너 방 청소 좀 해.

---

7 우어 먼 정 리 정 리 슈 바
我们整理整理书吧。
Wǒmen zhěngli zhěngli shū ba.

우리 책 좀 정리하자.

---

8 우어 먼 카오 뤼 카오 뤼 밍 티엔 더 찌 화
我们考虑考虑明天的计划。
Wǒmen kǎolü kǎolü míngtiān de jìhuà.

우리 내일 계획 좀 생각해 보자.

---

9 우어 먼 츄 취 싼 싼 뿌 바
我们出去散散步吧。
Wǒmen chūqù sànsàn bù ba.

우리 산책 좀 하러 나가자.

---

10 니 여우 스 지엔 우어 먼 랴오 랴오 티엔 바
你有时间我们聊聊天吧。
Nǐ yǒu shíjiān wǒmen liáoliáo tiān ba.

너 시간 있으면 우리 이야기 좀 하자.

실전처럼 말해봐요!

점원 这双鞋怎么样?
Zhè shuāng xié zěnmeyàng?

이유진 这是36号的吗? 好像小呢。
Zhè shì sānshíliù hào de ma? Hǎoxiàng xiǎo ne.

점원 您试试这双吧。
Nín shìshi zhè shuāng ba.

이유진 这双不大不小，正好。
Zhè shuāng bú dà bù xiǎo, zhènghǎo.

새 단어

- 鞋 xié 몡 신발
- 号 hào 몡 호, 사이즈
- 好像 hǎoxiàng 됭 ~인 것 같
  다, 마치 ~같다

TIP

중국과 우리나라의 신발 사이즈 표기 방식에는 약간의 차이
가 있어요. 중국 신발 사이즈는 (한국 신발 사이즈-50)÷5의
공식으로 계산해요.

예 230 시이즈를 신을 경우
(230-50)÷5=36이므로 중국 신발 사이즈는 36이에요.

🎤 한국어 뜻만 보고, 중국어로 말하는 연습을 해 보세요!

점원 이 신발 어떠세요?

이유진 이것 36호인가요? 작은 것 같은데요.

점원 이걸로 좀 신어 보세요.

이유진 이 신발은 크지도 않고 작지도 않네요, 딱 맞아요.

💡 중국어 더 알아봐요! 不A不B의 용법

'不A不B'는 'A하지도 않고 B하지도 않다'라는 뜻으로 어느 쪽에도 해당하지 않는 경우를 나타냅니다.

不 + 형용사1 + 不 + 형용사2

예 他不胖(也)不瘦。 그는 뚱뚱하지도 않고 마르지도 않아.
Tā bú pàng (yě) bú shòu.

- 胖 pàng 혱 뚱뚱하다, 살찌다
- 瘦 shòu 혱 마르다

복습하며 풀어봐요!

1 녹음을 듣고 중국어로 빈칸을 채운 후, 한국어로 해석해 보세요.

❶ 你 ＿＿＿＿＿＿＿＿ 头吧。

해석 ＿＿＿＿＿＿＿＿＿

❷ 我们 ＿＿＿＿＿＿＿＿ 吧。

해석 ＿＿＿＿＿＿＿＿＿

❸ 他不胖 ＿＿＿＿＿＿＿＿ 。

해석 ＿＿＿＿＿＿＿＿＿

❹ 我们出去 ＿＿＿＿＿＿＿＿ 吧。

해석 ＿＿＿＿＿＿＿＿＿

2 다음 문장을 읽고 올바른 문장으로 고쳐 써 보세요.

❶ 你试试这个菜吧。　　　너 이 요리 좀 맛 봐 봐.

▶ ＿＿＿＿＿＿＿＿＿＿ 。

❷ 你打打扫扫房间吧。　　　너 방 청소 좀 해.

▶ ＿＿＿＿＿＿＿＿＿＿ 。

❸ 你有时间我们聊天天吧。　　　너 시간 있으면 우리 이야기 좀 하자.

▶ ＿＿＿＿＿＿＿＿＿＿ 。

3 다음 빈칸을 채워 대화를 완성해 보세요.

Ⓐ 这双鞋 ＿＿＿＿＿＿＿＿ 呢。　　　이 신발 작은 것 같은데요.

Zhè shuāng xié ＿＿＿＿＿＿＿＿ ne.

Ⓑ 您 ＿＿＿＿＿＿＿＿ 吧。　　　이걸로 좀 신어 보세요.

Nín ＿＿＿＿＿＿＿＿ ba.

问
HSK 1급
wèn　동 묻다

问问问问问问

试
HSK 3급
shì　동 (시험 삼아) 해 보다, 시도하다

试试试试试试试试

尝
HSK 3급
cháng　동 맛보다

尝尝尝尝尝尝尝尝

胖
HSK 3급
pàng　형 뚱뚱하다, 살찌다

胖胖胖胖胖胖胖胖胖

房间
HSK 1급
fángjiān　명 방

房房房房房房房房
间间间间间间间间

准备

HSK 2급
zhǔnbèi　동 준비하다

打扫

HSK 3급
dǎsǎo　동 청소하다

计划

HSK 4급
jìhuà　명 계획 동 계획하다

散步

HSK 4급
sànbù　동 산책하다

聊天(儿)

HSK 3급
liáotiān(r)　동 이야기하다

우리 택시 타고 가자.

我们打车去吧。

Wǒmen dǎchē qù ba.

📖 학습 내용을 미리 살펴봐요!

'우리 나가서 놀자'라는 문장에는 '나가다'와 '놀다'라는 두 개의 동사가 사용되었죠? 이 문장에서는 먼저 밖으로 나가는 동작이 일어나고, 이어서 노는 동작이 이루어집니다. 이처럼 두 개 이상의 동작이 발생한 순서에 따라 나열되는 문장을 '연동문'이라고 합니다. 이 '연동문'을 활용해 일상에서 일어나는 다양한 상황을 떠올려 보고, 동작이 일어나는 순서에 맞게 문장을 만들어 보는 연습을 해 봅시다.

📔 주요 단어를 미리 확인해요!

🎧 TRACK 20-01

零食 língshí 명 간식	星巴克 Xīngbākè 명 스타벅스	手 shǒu 명 손	骑车 qí chē 동 자전거를 타다
开车 kāichē 동 운전하다	网课 wǎng kè 명 온라인 수업, 인터넷 수업	学习 xuéxí 동 공부하다, 배우다	用 yòng 동 사용하다, 쓰다
发 fā 동 보내다, 발송하다	短信 duǎnxìn 명 문자 메시지	借 jiè 동 빌리다, 빌려주다	公园 gōngyuán 명 공원
踢 tī 동 차다, 발길질하다	足球 zúqiú 명 축구	上网 shàngwǎng 동 인터넷에 접속하다	走路 zǒulù 동 걷다, 길을 가다

연동문

❶ 연동문의 기본 문장 구조

연동문이란 하나의 주어에 동사가 두 개 이상으로 이루어진 문장을 뜻합니다. 두 개의 동사는 동작이 발생한 시간 순서대로 나열합니다.

주어 + 동사1 + 목적어1 + 동사2 + 목적어2

❷ 연동문의 종류

연동문에서 일반적으로 동사1은 수단과 방법을 나타내고 동사2는 목적을 나타냅니다.

我坐公交车去学校。
동사1　　　동사2
Wǒ zuò gōngjiāochē qù xuéxiào.

나는 버스를 타고 학교에 가.
(수단 버스를 타는 것, 목적 학교에 가는 것)

我去便利店买零食。
동사1　　　동사2
Wǒ qù biànlìdiàn mǎi língshí.

나는 편의점에 가서 간식을 사.
(방법 편의점에 가는 것, 목적 간식을 사는 것)

❸ 연동문의 부정문

연동문의 부정문을 나타낼 때는 첫 번째 동사 앞에 부정부사 '不 bù'를 씁니다.

주어 + 不 + 동사1 + 목적어1 + 동사2 + 목적어2

我不去星巴克喝咖啡。
Wǒ bú qù Xīngbākè hē kāfēi.

나는 스타벅스에 가서 커피를 마시지 않아.

문장으로 연습해요!

음원을 들으며 다음 제시된 문장을 반복해서 따라 말해 보세요.

❶ 我们**出去玩儿**吧。
Wǒmen chūqù wánr ba.

우리 나가서 놀자.

---

❷ 她**洗手吃饭**。
Tā xǐ shǒu chī fàn.

그녀는 손을 씻고 밥을 먹어.

---

❸ 我**骑车去**学校。
Wǒ qí chē qù xuéxiào.

나는 자전거를 타고 학교에 가.

---

❹ 妈妈**开车去**超市。
Māma kāichē qù chāoshì.

엄마는 운전해서 마트에 가셔.

---

❺ 我**听**网课**学习**汉语。
Wǒ tīng wǎng kè xuéxí Hànyǔ.

나는 온라인 수업을 들으며 중국어를 공부해.

6 他用手机发短信。
타 용 셔우 지 파 두안 씬
Tā yòng shǒujī fā duǎnxìn.

그는 휴대 전화로 문자 메시지를 보내.

7 她不去图书馆借书。
타 부 취 투 슈 구완 지에 슈
Tā bú qù túshūguǎn jiè shū.

그녀는 도서관에 가서 책을 빌리지 않아.

8 孩子们不去公园踢足球。
하이 즈 먼 부 취 꽁 위엔 티 주 치우
Háizimen bú qù gōngyuán tī zúqiú.

아이들은 공원에 가서 축구를 하지 않아.

9 你上网买衣服吗？
니 샹 왕 마이 이 푸 마
Nǐ shàngwǎng mǎi yīfu ma?

너는 인터넷으로 옷을 사니?

10 你们走路去补习班吗？
니 먼 저우 루 취 부 씨 반 마
Nǐmen zǒulù qù bǔxíbān ma?

너희들은 걸어서 학원에 가니?

실전처럼 말해봐요!

이유진 今天晚上有聚餐。
Jīntiān wǎnshang yǒu jùcān.

밍밍 我们怎么去饭店?
Wǒmen zěnme qù fàndiàn?

이유진 我们打车去吧。
Wǒmen dǎchē qù ba.

밍밍 那我来叫车吧。
Nà wǒ lái jiào chē ba.

새 단어

- 聚餐 jùcān 몡 회식
- 饭店 fàndiàn 몡 레스토랑, 식당
- 来 lái 동 (어떤 동작이나 행동을) 하다
- 叫车 jiào chē 택시를 부르다

🎤 한국어 뜻만 보고, 중국어로 말하는 연습을 해 보세요!

이유진 오늘 저녁에 회식이 있어요.

밍밍 우리 어떻게 레스토랑에 갈까요?

이유진 우리 택시 타고 가요.

밍밍 그럼 제가 택시를 부를게요.

💡 중국어 더 알아봐요!　　怎么의 용법

의문대사 '怎么 zěnme'는 '어떻게'라는 뜻으로 수단이나 방식을 물을 때 사용합니다.

예　这个字怎么写? Zhège zì zěnme xiě?　이 글자는 어떻게 쓰니?

- 字 zì 몡 글자
- 写 xiě 동 (글씨를) 쓰다

복습하며 풀어봐요!

TRACK 20-05

1 녹음을 듣고 중국어로 빈칸을 채운 후, 한국어로 해석해 보세요.

❶ 妈妈 ＿＿＿＿＿＿＿＿ 去超市。　**❷** 他用手机 ＿＿＿＿＿＿＿＿。

해석 ＿＿＿＿＿＿＿＿＿＿　　해석 ＿＿＿＿＿＿＿＿＿＿

❸ 你上网 ＿＿＿＿＿＿＿＿ 吗?　**❹** 我来 ＿＿＿＿＿＿＿＿ 吧。

해석 ＿＿＿＿＿＿＿＿＿＿　　해석 ＿＿＿＿＿＿＿＿＿＿

2 다음 문장을 읽고 올바른 문장으로 고쳐 써 보세요.

❶ 我网课听学习汉语。　나는 온라인 수업을 들으며 중국어를 공부해.

▶ ＿＿＿＿＿＿＿＿＿＿＿＿＿＿＿＿。

❷ 我星巴克不去喝咖啡。　나는 스타벅스에 가서 커피를 마시지 않아.

▶ ＿＿＿＿＿＿＿＿＿＿＿＿＿＿＿＿。

❸ 我们怎么样去饭店?　우리 어떻게 레스토랑에 갈까?

▶ ＿＿＿＿＿＿＿＿＿＿＿＿＿＿＿＿?

3 다음 빈칸을 채워 대화를 완성해 보세요.

Ⓐ 你 ＿＿＿＿＿＿ 去学校?　너는 어떻게 학교 가니?

Nǐ ＿＿＿＿＿＿ qù xuéxiào?

Ⓑ 我 ＿＿＿＿＿＿ 去学校。　나는 버스를 타고 학교에 가.

Wǒ ＿＿＿＿＿＿ qù xuéxiào.

직접 쓰며 익히는 중국어 간화자!

踢
tī   동 차다, 발길질하다

踢 踢 踢 踢 踢 踢 踢 踢 踢 踢 踢 踢 踢 踢 踢

用
yòng   동 사용하다, 쓰다

用 用 用 用 用

发
fā   동 보내다, 발송하다

发 发 发 发 发

借
jiè   동 빌리다, 빌려주다

借 借 借 借 借 借 借 借 借 借

开车
kāichē   동 운전하다

开 开 开 开
车 车 车 车

学习

HSK 1급

xuéxí 동 공부하다, 배우다

足球

HSK 2급

zúqiú 명 축구

上网

HSK 2급

shàngwǎng 동 인터넷에 접속하다

公园

HSK 3급

gōngyuán 명 공원

短信

HSK 4급

duǎnxìn 명 문자 메시지

저는 엄마에게 화장품 세트를 선물해요.

我送妈妈一套化妆品。
Wǒ sòng māma yí tào huàzhuāngpǐn.

UNIT 21 전체 음원

📖 학습 내용을 미리 살펴봐요!

'나는 친구에게 선물을 줬어'라는 문장을 보면 '친구'라는 목적어와 '선물'이라는 목적어가 연이어 제시되었는데, 이렇게 두 개의 목적어를 가질 수 있는 동사를 '이중목적어 동사'라고 합니다. 이러한 동사는 '주다', '가르치다', '선물하다', '알리다'처럼 수여나 전달의 의미를 나타내는 경우가 많습니다. 이번 학습을 통해 '이중목적어 동사'의 기본 구조와 자주 쓰이는 표현을 익히고, 일상생활에서 자연스럽게 활용해 보도록 합시다.

📖 주요 단어를 미리 확인해요!

🎧 TRACK 21-01

经常 jīngcháng 뷔 자주, 늘	零花钱 línghuāqián 몡 용돈	笔 bǐ 몡 펜	数学 shùxué 몡 수학
套 tào 양 세트, 벌	化妆品 huàzhuāngpǐn 몡 화장품	服务员 fúwùyuán 몡 종업원	找 zhǎo 동 거슬러 주다
伞 sǎn 몡 우산	范围 fànwéi 몡 범위	只好 zhǐhǎo 뷔 어쩔 수 없이, 부득이	红包 hóngbāo 몡 세뱃돈, 상여금
秘密 mìmì 몡 비밀	礼物 lǐwù 몡 선물		

이중목적어 동사

❶ 이중목적어 동사의 기본 문장 구조

'~에게 ~을 주다', '~에게 ~을 가르치다'처럼 하나의 동사에 목적어가 두 개 오는 것을 '이중목적어 동사'라고 합니다. 누구에게(간접목적어) 무엇을(직접목적어) 하는지를 나타내는 이중목적어는 일반적으로 사람을 가리키는 간접목적어가 앞에 위치하고, 사물을 가리키는 직접목적어가 뒤에 위치합니다.

| 주어 | + | 동사 | + | 간접목적어 | + | 직접목적어 |

我经常给弟弟零花钱。　　　나는 자주 남동생에게 용돈을 줘.
Wǒ jīngcháng gěi dìdi línghuāqián.

❷ 이중목적어를 가지는 동사의 종류

아래의 동사들은 '주다'나 '전달하다'처럼 '무엇인가를 누군가에게 주다'라는 뜻을 가진 동사들입니다. 이러한 동사들은 '~에게', '~에게서'와 같은 개사를 쓰지 않아도 두 개의 목적어를 취할 수 있습니다.

给 gěi 주다	送 sòng 선물하다, 보내다	还 huán 돌려주다, 갚다	问 wèn 묻다	交 jiāo 내다, 건네다	寄 jì 보내다, 부치다
借 jiè 빌리다, 빌려주다	教 jiāo 가르치다	叫 jiào 부르다	告诉 gàosu 알리다, 말하다	答应 dāying 승낙하다, 대답하다	通知 tōngzhī 알리다, 통지하다

❸ 이중목적어 동사의 부정문

이중목적어 동사 앞에 부정부사 '**不 bù**'를 씁니다.

| 주어 | + | 不 | + | 동사 | + | 간접목적어 | + | 직접목적어 |

他不借我笔。　　　그는 나에게 펜을 빌려주지 않아.
Tā bú jiè wǒ bǐ.

문장으로 연습해요!

음원을 들으며 다음 제시된 문장을 반복해서 따라 말해 보세요.

1
왕 라오 스 찌아오우어 한 위
王老师教我汉语。
Wáng lǎoshī jiāo wǒ Hànyǔ.

왕 선생님은 나에게 중국어를 가르쳐 주셔.

2
타 징 챵 원 우어 슈 쉬에 원 티
他经常问我数学问题。
Tā jīngcháng wèn wǒ shùxué wèntí.

그는 자주 나에게 수학 문제를 물어.

3
우어 쏭 마 마 이 타오 화 쥬앙 핀
我送妈妈一套化妆品。
Wǒ sòng māma yí tào huàzhuāngpǐn.

나는 엄마에게 화장품 세트를 선물해.

4
푸 우 위엔 쟈오 우어 우 콰이 치엔
服务员找我五块钱。
Fúwùyuán zhǎo wǒ wǔ kuài qián.

종업원은 나에게 5위안을 거슬러 주었어.

5
우어 쪄우 모 환 니 산
我周末还你伞。
Wǒ zhōumò huán nǐ sǎn.

내가 주말에 네 우산 돌려줄게.

6　라오 스 통 즈 우어 먼 카오 스 판 웨이
老师**通知**我们考试范围。
Lǎoshī tōngzhī wǒmen kǎoshì fànwéi.

선생님께서 우리에게 시험 범위를 알려 주셔.

7　우어 즈 하오 다 잉 타 쯔어 찌엔 스
我只好**答应**他这件事。
Wǒ zhǐhǎo dāying tā zhè jiàn shì.

나는 어쩔 수 없이 그에게 이 일을 승낙했어.

8　빠 바 뿌 게이 우어 홍 빠오
爸爸**不给**我红包。
Bàba bù gěi wǒ hóngbāo.

아빠는 나에게 세뱃돈을 안 주셔.

9　타 부 까오 수 우어 먼 나 거 미 미
她**不告诉**我们那个秘密。
Tā bú gàosu wǒmen nàge mìmì.

그녀는 우리에게 그 비밀을 알려 주지 않아.

10　니 게이 난 펑 여우 선 머 리 우
你**给**男朋友什么礼物?
Nǐ gěi nán péngyou shénme lǐwù?

너는 남자 친구에게 무슨 선물을 줄 거니?

실전처럼 말해봐요!

이유진 过节你送妈妈什么礼物?
Guòjié nǐ sòng māma shénme lǐwù?

밍밍 我送妈妈一套化妆品，你呢?
Wǒ sòng māma yí tào huàzhuāngpǐn, nǐ ne?

이유진 我可能给妈妈零花钱。
Wǒ kěnéng gěi māma línghuāqián.

밍밍 那也不错啊!
Nà yě búcuò a!

새 단어
· 过节 guòjié 통 명절을 쇠다, 명절을 보내다

🎤 **한국어 뜻만 보고, 중국어로 말하는 연습을 해 보세요!**

이유진 명절에 당신은 엄마에게 무슨 선물을 드리나요?
밍밍 저는 엄마에게 화장품 세트를 선물해요, 당신은요?
이유진 저는 아마도 엄마에게 용돈을 드릴 것 같아요.
밍밍 그것도 괜찮네요!

 💡 **중국어 더 알아봐요!** **다양한 찬성 표현**

'那也不错啊! Nà yě búcuò a!'는 상대방의 생각이나 의견에 찬성하거나 긍정할 때 사용하는 표현입니다. 이와 비슷하게 '那也挺好啊! Nà yě tǐng hǎo a! 그것도 꽤 좋아!', '那也是个好主意! Nà yě shì ge hǎo zhǔyi! 그것도 좋은 생각이야!'와 같은 표현도 일상 회화에서 자주 사용합니다.

예 Ⓐ 我们一起报健身房吧。Wǒmen yìqǐ bào jiànshēnfáng ba.　우리 같이 헬스장 등록하자.
Ⓑ 那也是个好主意! Nà yě shì ge hǎo zhǔyi!　그것도 좋은 생각이야!

· 挺 tǐng 부 매우, 아주　· 主意 zhǔyi 명 생각, 의견, 아이디어　· 一起 yìqǐ 부 같이, 함께
· 报 bào 통 등록하다, 신청하다　· 健身房 jiànshēnfáng 명 헬스장

복습하며 풀어봐요!

1 녹음을 듣고 다음 대화를 완성해 보세요.

Ⓐ 王老师 ______________________ ?

해석 ______________________

Ⓑ 王老师 ______________________ 。

해석 ______________________

2 다음 <보기>를 보고 빈칸에 알맞은 단어를 골라 써 보세요.

보기 　经常　　红包　　零花钱

❶ 我可能给妈妈 __________ 。 저는 아마도 엄마에게 용돈을 드릴 것 같아요.

❷ 爸爸不给我 __________ 。 아빠는 나에게 세뱃돈을 안 주셔.

❸ 他 __________ 问我数学问题。 그는 자주 나에게 수학 문제를 물어.

3 다음 제시된 단어를 올바르게 배열해 보세요.

❶ 伞 / 还 / 你 / 我周末 　　　내가 주말에 네 우산 돌려줄게.

▶ __________________ 。

❷ 我们 / 那个秘密 / 她 / 不告诉 　그녀는 우리에게 그 비밀을 알려 주지 않아.

▶ __________________ 。

❸ 我们 / 通知 / 考试范围 / 老师 　선생님께서 우리에게 시험 범위를 알려 주셔.

▶ __________________ 。

직접 쓰며 익히는 중국어 간화자!

笔 笔 笔 笔 笔 笔 笔 笔 笔 笔

笔 `HSK 2급`
bǐ 명 펜

送 送 送 送 送 送 送 送 送

送 `HSK 2급`
sòng 동 선물하다, 보내다

教 教 教 教 教 教 教 教 教 教

教 `HSK 2급`
jiāo 동 가르치다

挺 挺 挺 挺 挺 挺 挺 挺 挺

挺 `HSK 3급`
tǐng 양 매우, 아주

套 套 套 套 套 套 套 套 套 套

套 `HSK 5급`
tào 양 세트, 벌

经常
经经经经经经经经
常常常常常常常常常常常

HSK 2급

jīngcháng　　뷔 자주, 늘

一起

HSK 2급

yìqǐ　　뷔 같이, 함께

起起起起起起起起起

只好

HSK 4급

zhǐhǎo　　뷔 어쩔 수 없이, 부득이

只只只只只
好好好好好好

红包

HSK 4급

hóngbāo　　몡 세뱃돈, 상여금

红红红红红红
包包包包包

礼物

lǐwù　　몡 선물

礼礼礼礼礼
物物物物物物物物

나는 너한테 잘 어울린다고 생각해.

我觉得很适合你。
Wǒ juéde hěn shìhé nǐ.

📖 학습 내용을 미리 살펴봐요!

이번 과에서는 '나는 오늘 춥다고 생각해', '너한테 잘 어울린다고 생각해'처럼 자신의 생각이나 느낌을 나타내는 '觉得 juéde'에 대해 학습해 보려고 합니다. 이 표현을 익히고 나면 자신의 생각을 자유롭게 말할 수 있을뿐만 아니라 상대방의 생각이나 느낌을 물어볼 수도 있습니다.

📖 주요 단어를 미리 확인해요!

🎧 TRACK 22-01

觉得 juéde 동 ~라고 생각하다, ~라고 느끼다	**不太** bú tài 그다지 ~하지 않다	**浪漫** làngmàn 형 로맨틱하다, 낭만적이다	**懂事** dǒngshì 형 철들다
人 rén 명 사람의 인품, 됨됨이	**办法** bànfǎ 명 방법, 수단	**适合** shìhé 형 어울리다	**大家** dàjiā 대 모두, 여러분
T恤 T-xù 명 티셔츠	**颜色** yánsè 명 색깔		

개념부터 알아봐요!

동사 觉得

❶ 觉得의 기본 문장 구조

동사 '觉得 juéde'는 '~라고 생각하다', '~라고 느끼다'라는 의미로 자신의 생각이나 느낌을 나타내는 표현입니다. 일반적으로 '觉得' 뒤에는 주관적인 생각이나 느낌을 나타내는 말이 옵니다.

주어 + 觉得 + 생각/느낌

我觉得今天很冷。 　　　　　나는 오늘 춥다고 생각해.
Wǒ juéde jīntiān hěn lěng.

❷ 觉得의 부정문

부정문은 '觉得 juéde' 뒤에 부정부사 '不 bù'를 써서 '~라고 생각하지 않는다', '~라고 느끼지 않는다'라는 의미를 나타냅니다.

주어 + 觉得 + 不 + 생각/느낌

我觉得不太好看。 　　　　　나는 별로 안 예쁘다고 생각해.
Wǒ juéde bú tài hǎokàn.

❸ 觉得의 의문문

'觉得 juéde' 뒤에 의문사 '吗 ma'를 써서 '주어+觉得+생각/느낌+吗?'라고 가볍게 질문하는 방법도 있지만, 의문대사 '怎么样 zěnmeyàng'을 사용하면 상대방이 어떻게 생각하는지를 더 구체적으로 물을 수 있습니다.

주어 + 觉得 + 怎么样?

你觉得怎么样? 　　　　　너는 어떻게 생각하니?
Nǐ juéde zěnmeyàng?

문장으로 연습해요!

음원을 들으며 다음 제시된 문장을 반복해서 따라 말해 보세요.

① 우어 쥐에 더 타 헌 랑 만
我**觉得**他很浪漫。
Wǒ juéde tā hěn làngmàn.

나는 그가 로맨틱하다고 생각해.

---

② 타 먼 쥐에 더 우어 니엔 찌 시아오
他们**觉得**我年纪小。
Tāmen juéde wǒ niánjì xiǎo.

그들은 내 나이가 어리다고 생각해.

---

③ 마 마 쥐에 더 우어 헌 동 스
妈妈**觉得**我很懂事。
Māma juéde wǒ hěn dǒngshì.

엄마는 내가 철들었다고 생각하셔.

---

④ 타 쥐에 더 라오 반 런 헌 하오
他**觉得**老板人很好。
Tā juéde lǎobǎn rén hěn hǎo.

그는 사장님의 인품이 좋다고 생각해.

---

⑤ 우어 쥐에 더 쯔어 거 빤 파 헌 팡 삐엔
我**觉得**这个办法很方便。
Wǒ juéde zhège bànfǎ hěn fāngbiàn.

나는 이 방법이 편리하다고 생각해.

6
우어 쥐에 더 뿌 스 흐어 니
我**觉得不**适合你。
Wǒ juéde bú shìhé nǐ.

나는 너한테 안 어울린다고 생각해.

7
우어 쥐에 더 타 뿌 시 환 우어
我**觉得**她**不**喜欢我。
Wǒ juéde tā bù xǐhuan wǒ.

나는 그녀가 나를 안 좋아한다고 생각해.

8
니 쥐에 더 쯔어 거 쮜 이 하오 마
你**觉得**这个主意好**吗**?
Nǐ juéde zhège zhǔyi hǎo ma?

너는 이 아이디어가 좋다고 생각하니?

9
따 지아 쥐에 더 쯔어 찌엔 스 전 머 양
大家**觉得**这件事**怎么样**?
Dàjiā juéde zhè jiàn shì zěnmeyàng?

모두 이 일을 어떻게 생각하니?

10
니 쥐에 더 티 쉬 더 이엔 써 전 머 양
你**觉得**T恤的颜色**怎么样**?
Nǐ juéde T-xù de yánsè zěnmeyàng?

너는 티셔츠 색깔이 어떻다고 생각하니?

실전처럼 말해봐요!

김은지 我的新衣服好看吗?
Wǒ de xīn yīfu hǎokàn ma?

왕웨이 哪个? T恤还是裤子?
Nǎge? T-xù háishi kùzi?

김은지 T恤的颜色怎么样?
T-xù de yánsè zěnmeyàng?

왕웨이 我觉得很好看，很适合你。
Wǒ juéde hěn hǎokàn, hěn shìhé nǐ.

새 단어

- 新 xīn 혱 새로운, 새롭다
- 哪个 nǎge 대 어느 것
- 裤子 kùzi 몡 바지

🎙 **한국어 뜻만 보고, 중국어로 말하는 연습을 해 보세요!**

김은지 내 새 옷 예뻐?

왕웨이 어느 거? 티셔츠 아니면 바지?

김은지 티셔츠 색깔 어때?

왕웨이 나는 예쁘다고 생각해, 너한테 잘 어울려.

💡 **중국어 더 알아봐요!**　**색깔 표현**

红色 hóngsè 빨간색	橘色 júsè 주황색	黄色 huángsè 노란색	绿色 lǜsè 초록색
蓝色 lánsè 파란색	紫色 zǐsè 보라색	白色 báisè 흰색	黑色 hēisè 검은색

1 녹음을 듣고 다음 대화를 완성해 보세요.

Ⓐ 我的 ＿＿＿＿＿＿＿＿＿＿ 好看吗?

　　[해석] ＿＿＿＿＿＿＿＿＿＿＿＿＿＿

Ⓑ 我觉得 ＿＿＿＿＿＿ , ＿＿＿＿＿＿ 你。

　　[해석] ＿＿＿＿＿＿＿＿＿＿＿＿＿＿

2 다음 <보기>를 보고 빈칸에 알맞은 단어를 골라 써 보세요.

> [보기]　颜色　　　小　　　浪漫

❶ 我觉得他很 ＿＿＿＿＿＿ 。　　　나는 그가 로맨틱하다고 생각해.

❷ 他们觉得我年纪 ＿＿＿＿＿ 。　　그들은 내 나이가 어리다고 생각해.

❸ 你觉得T恤的 ＿＿＿＿ 怎么样? 　너는 티셔츠 색깔이 어떻다고 생각하니?

3 다음 제시된 단어를 올바르게 배열해 보세요.

❶ 觉得 / 妈妈 / 我很 / 懂事　　　엄마는 내가 철들었다고 생각하셔.

　▶ ＿＿＿＿＿＿＿＿＿＿＿＿＿＿ 。

❷ 喜欢我 / 她 / 我觉得 / 不　　　나는 그녀가 나를 안 좋아한다고 생각해.

　▶ ＿＿＿＿＿＿＿＿＿＿＿＿＿＿ 。

❸ 怎么样 / 这件事 / 大家 / 觉得　　모두 이 일을 어떻게 생각하니?

　▶ ＿＿＿＿＿＿＿＿＿＿＿＿＿＿ ?

직접 쓰며 익히는 중국어 간화자!

新
xīn
형 새로운, 새롭다

觉得
juéde
동 ~라고 생각하다, ~라고 느끼다

红色
hóngsè
명 빨간색

大家
dàjiā
대 모두, 여러분

哪个
nǎge
대 어느 것

裤子

裤子 HSK 2급
kùzi 명 바지

裤 子

浪漫 HSK 4급
làngmàn 형 로맨틱하다, 낭만적이다

浪 漫

适合 HSK 4급
shìhé 형 어울리다

适 合

办法
bànfǎ 명 방법, 수단

办 法

颜色
yánsè 명 색깔

颜 色

나는 수영을 배울 계획이야.

我打算学游泳。
Wǒ dǎsuan xué yóuyǒng.

UNIT 23 전체 음원

📖 학습 내용을 미리 살펴봐요!

이번 과에서는 '나는 수영을 배울 계획이야', '너는 언제 결혼할 계획이니?'와 같이 구체적인 계획을 묻거나 답할 때 사용하는 동사 '打算 dǎsuan'에 대해 학습해 보려고 합니다. 이 표현을 배우고 나면 자신의 미래에 대한 계획을 중국어로 말할 수 있고, 상대방의 계획을 묻는 기본적인 대화도 자연스럽게 할 수 있게 됩니다.

📕 주요 단어를 미리 확인해요!

🎧 TRACK 23-01

打算 dǎsuan 동 ~할 계획이다, ~할 예정이다	游泳 yóuyǒng 명 수영 동 수영하다	出国 chūguó 동 외국에 가다, 출국하다	留学 liúxué 명 유학 동 유학하다
上海 Shànghǎi 고유 상하이[지명]	旅行 lǚxíng 명 여행 동 여행하다	房 fáng 명 집	换 huàn 동 바꾸다, 교체하다
上 shàng 동 (학교를) 다니다	相亲 xiāngqīn 동 소개팅하다, 선을 보다	招 zhāo 동 구하다, 모집하다	新人 xīnrén 명 신입, 신입 사원
搬家 bānjiā 동 이사하다	结婚 jiéhūn 동 결혼하다		

개념부터 알아봐요!

동사 打算

❶ 打算의 기본 문장 구조

동사 '**打算** dǎsuan'은 '~할 계획이다', '~할 예정이다'라는 의미로 뒤에 구체적인 동작을 써서 미래에 대한 계획이나 의지를 나타내는 표현입니다. 주로 어느 정도 계획이 세워져 있거나 실행 가능성이 높은 경우에 사용합니다.

주어 + 打算 + 동사/동사구

我打算学游泳。　　　　나는 수영을 배울 계획이야.
Wǒ dǎsuan xué yóuyǒng.

❷ 打算의 부정문

부정문은 '**打算** dǎsuan' 앞에 부정부사 '**不** bù'를 써서 '~하지 않을 계획이다'라는 의미를 나타냅니다.

주어 + 不 + 打算 + 동사/동사구

我不打算出国留学。　　　나는 해외 유학을 가지 않을 계획이야.
Wǒ bù dǎsuan chūguó liúxué.

❸ 打算의 의문문

'**打算** dǎsuan' 뒤에 의문사 '**吗** ma'를 써서 '주어+打算+동사/동사구+吗?'라고 가볍게 질문하는 방법도 있지만, '**什么** shénme', '**怎么** zěnme', '**什么时候** shénme shíhou', '**哪儿** nǎr' 등의 의문대사를 사용하여 상대방의 계획이나 생각을 물을 수도 있습니다.

你打算做什么？　　　　너는 무엇을 할 계획이니?
Nǐ dǎsuan zuò shénme?

你打算怎么做？　　　　너는 어떻게 할 계획이니?
Nǐ dǎsuan zěnme zuò?

문장으로 연습해요!

음원을 들으며 다음 제시된 문장을 반복해서 따라 말해 보세요.

---

❶ 우어 다 쑤안 쉐에 카이 츠어
我打算学开车。　　　　　나는 운전을 배울 계획이야.
Wǒ dǎsuan xué kāichē.

---

❷ 타 다 쑤안 취 샹 하이 뤼 싱
她打算去上海旅行。　　　그는 상하이로 여행 갈 계획이야.
Tā dǎsuan qù Shànghǎi lǚxíng.

TIP '~로 여행 가다'라고 할 때는 '去+장소+旅行'의 형태로 표현해요.

---

❸ 지에 지에 다 쑤안 마이 팡
姐姐打算买房。　　　　　누나(언니)는 집을 살 계획이야.
Jiějie dǎsuan mǎi fáng.

---

❹ 타 다 쑤안 환 꽁 쭈어
她打算换工作。　　　　　그녀는 이직할 계획이야.
Tā dǎsuan huàn gōngzuò.

---

❺ 우어 뿌 다 쑤안 샹 따 쉐에
我不打算上大学。　　　　나는 대학에 갈 계획이 없어.
Wǒ bù dǎsuan shàng dàxué.

타 뿌 다 쑤안 시앙 친
6 她**不打算**相亲。   그는 소개팅할 계획이 없어.
Tā bù dǎsuan xiāngqīn.

꽁 쓰 뿌 다 쑤안 쟈오 신 런
7 公司**不打算**招新人。   회사는 신입 사원을 뽑을 계획이 없어.
Gōngsī bù dǎsuan zhāo xīnrén.

니 밍 니엔 다 쑤안 빤 지아 마
8 你明年**打算**搬家**吗**?   너는 내년에 이사할 계획이니?
Nǐ míngnián dǎsuan bānjiā ma?

니 다 쑤안 션 머 스 허우 지에 훈
9 你**打算什么时候**结婚?   너는 언제 결혼할 계획이니?
Nǐ dǎsuan shénme shíhou jiéhūn?

니 다 쑤안 전 머 훼이 지아
10 你**打算怎么**回家?   너는 어떻게 집에 갈 계획이니?
Nǐ dǎsuan zěnme huíjiā?

TRACK 23-04

김은지 你寒假打算做什么?
Nǐ hánjià dǎsuan zuò shénme?

왕웨이 我打算学游泳。
Wǒ dǎsuan xué yóuyǒng.

김은지 游泳很难吧?
Yóuyǒng hěn nán ba?

왕웨이 听说不太难。
Tīngshuō bú tài nán.

새 단어
- 寒假 hánjià 몡 겨울 방학
- 听说 tīngshuō 통 듣자 하니 ~(이)라고 한다

🎙 **한국어 뜻만 보고, 중국어로 말하는 연습을 해 보세요!**

김은지 너는 겨울 방학에 무엇을 할 계획이니?
왕웨이 나는 수영을 배울 계획이야.
김은지 수영은 어렵지?
왕웨이 별로 안 어렵다고 들었어.

💡 **중국어 더 알아봐요!** **听说의 용법**

'听说 tīngshuō'는 '听别人说 tīng biérén shuō'의 줄임 표현으로, 본인이 직접 들은 것이 아닌, 다른 사람에게 전해 들은 이야기나 정보를 공유할 때 쓰는 표현입니다. 보통 문장의 제일 앞에 위치하여 '듣자 하니 ~(이)라고 한다'라는 뜻을 나타냅니다.

예 听说这部电影很好看。 Tīngshuō Zhè bù diànyǐng hěn hǎokàn. 이 영화 재미있다고 들었어.

- 别人 biérén 몡 다른 사람 · 部 bù 양 편, 부[영화를 세는 단위] · 电影 diànyǐng 몡 영화

🎧 TRACK 23-05

1 녹음을 듣고 다음 대화를 완성해 보세요.

Ⓐ ________________________ 怎么样？

해석 ________________________

Ⓑ 听说 ________________________ 。

해석 ________________________

2 다음 <보기>를 보고 빈칸에 알맞은 단어를 골라 써 보세요.

| 보기 | 开车 | 买房 | 寒假 |

❶ 姐姐打算 ________________ 。　　누나(언니)는 집을 살 계획이야.

❷ 我打算学 ________________ 。　　나는 운전을 배울 계획이야.

❸ 你 ________________ 打算做什么？　너는 겨울 방학에 무엇을 할 계획이니?

3 다음 제시된 단어를 올바르게 배열해 보세요.

❶ 她 / 工作 / 打算 / 换　　그녀는 이직할 계획이야.

▶ ________________________ 。

❷ 他 / 相亲 / 不 / 打算　　그는 소개팅할 계획이 없어.

▶ ________________________ 。

❸ 什么时候 / 结婚 / 打算 / 你　너는 언제 결혼할 계획이니?

▶ ________________________ ？

换
huàn 　동 바꾸다, 교체하다

游泳
yóuyǒng 　명 수영 동 수영하다

出国
chūguó 　동 외국에 가다, 출국하다

打算
dǎsuan 　동 ~할 계획이다, ~할 예정이다

留学
liúxué 　명 유학 동 유학하다

搬家　HSK 3급

bānjiā　동 이사하다

结婚　HSK 3급

jiéhūn　동 결혼하다

听说　HSK 3급

tīngshuō　동 듣자하니 ~(이)라고 한다

旅行　HSK 4급

lǚxíng　명 여행 동 여행하다

寒假　HSK 4급

hánjià　명 겨울 방학

나는 홍콩으로 여행 가고 싶어.

我想去香港旅行。
Wǒ xiǎng qù Xiānggǎng lǚxíng.

📖 학습 내용을 미리 살펴봐요!

이번 과에서는 '나는 홍콩으로 여행 가고 싶어', '나는 새 휴대 전화를 사고 싶어'처럼 소망이나 바람을 나타내는 조동사 '想 xiǎng'에 대해 학습해 보려고 합니다. 또한 '~하고 싶지 않아'와 같은 부정 표현과 '~하고 싶니?'와 같은 의문 표현도 함께 익혀 자신의 의사를 중국어로 유창하게 말할 수 있습니다.

📙 주요 단어를 미리 확인해요!

🎧 TRACK 24-01

想 xiǎng [조동] ~하고 싶다	**电脑** diànnǎo [명] 컴퓨터	**办** bàn [동] 발급하다, 처리하다	**会员卡** huìyuán kǎ 회원 카드
香港 Xiānggǎng [고유] 홍콩[지명]	**当** dāng [동] ~이 되다, 맡다	**汉堡** hànbǎo [명] 햄버거	**离开** líkāi [동] 떠나다
股票 gǔpiào [명] 주식	**打扰** dǎrǎo [동] 방해하다, 귀찮게 하다	**逛街** guàngjiē [동] 쇼핑하다, 거리 구경을 하다	**参加** cānjiā [동] 참가하다, 참석하다
啤酒 píjiǔ [명] 맥주			

조동사 想

❶ 想의 기본 문장 구조

조동사 '想 xiǎng'은 '~하고 싶다'라는 뜻으로 동사 앞에 쓰여 주어의 소망이나 바람을 나타냅니다.

주어 + 想 + 동사 + (목적어)

我想买新手机。　　　　　나는 새 휴대 전화를 사고 싶어.
Wǒ xiǎng mǎi xīn shǒujī.

❷ 想의 부정문

부정문은 '想 xiǎng' 앞에 부정부사 '不 bù'를 써서 '~하고 싶지 않다'라는 의미를 나타냅니다.

주어 + 不 + 想 + 동사 + (목적어)

我不想喝咖啡。　　　　　나는 커피를 마시고 싶지 않아.
Wǒ bù xiǎng hē kāfēi.

❸ 想의 의문문

'想 xiǎng' 뒤에 의문사 '吗 ma'를 써서 '주어+想+동사+(목적어)+吗?'라고 가볍게 질문하는 방법도 있지만, '想不想 xiǎng bu xiǎng'으로 정반의문문을 활용하여 질문할 수도 있습니다.

你想换电脑吗?　　　　　너는 컴퓨터를 바꾸고 싶니?
Nǐ xiǎng huàn diànnǎo ma?

你想不想换电脑?　　　　너는 컴퓨터를 바꾸고 싶니, 안 바꾸고 싶니?
Nǐ xiǎng bu xiǎng huàn diànnǎo?

문장으로 연습해요!

음원을 들으며 다음 제시된 문장을 반복해서 따라 말해 보세요.

---

❶ 우어 시앙 빤 훼이 위엔 카
我**想**办会员卡。
Wǒ xiǎng bàn huìyuán kǎ.

저는 회원 카드를 발급하고 싶어요.

---

❷ 우어 시앙 취 시앙 강 뤼 싱
我**想**去香港旅行。
Wǒ xiǎng qù Xiānggǎng lǚxíng.

나는 홍콩으로 여행 가고 싶어.

---

❸ 우어 시앙 땅 라오 스
我**想**当老师。
Wǒ xiǎng dāng lǎoshī.

나는 선생님이 되고 싶어.

---

❹ 타 진 티엔 시앙 츠 한 바오
他今天**想**吃汉堡。
Tā jīntiān xiǎng chī hànbǎo.

그는 오늘 햄버거를 먹고 싶어해.

---

❺ 우어 뿌 시앙 리 카이 지아
我**不想**离开家。
Wǒ bù xiǎng líkāi jiā.

나는 집을 떠나고 싶지 않아.

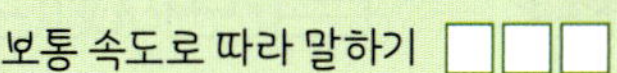

6 우어 뿌 시앙 마이 쯔어 거 구 피아오
我不想买这个股票。
Wǒ bù xiǎng mǎi zhège gǔpiào.

나는 이 주식을 사고 싶지 않아.

---

7 우어 뿌 시앙 다 라오 니
我不想打扰你。
Wǒ bù xiǎng dǎrǎo nǐ.

나는 너를 방해하고 싶지 않아.

---

8 니 시앙 취 꾸앙 지에 마
你想去逛街吗?
Nǐ xiǎng qù guàngjiē ma?

너는 쇼핑하러 가고 싶니?

---

9 니 시앙 부 시앙 찬 지아
你想不想参加?
Nǐ xiǎng bu xiǎng cānjiā?

너는 참가하고 싶니, 안 하고 싶니?

---

10 니 시앙 부 시앙 흐어 피 지우
你想不想喝啤酒?
Nǐ xiǎng bu xiǎng hē píjiǔ?

너는 맥주를 마시고 싶니, 안 마시고 싶니?

실전처럼 말해봐요!

김은지 我想去香港旅行。
Wǒ xiǎng qù Xiānggǎng lǚxíng.

왕웨이 我也想去。
Wǒ yě xiǎng qù.

김은지 那我们一起去。
Nà wǒmen yìqǐ qù.

왕웨이 好，我们先看看机票吧。
Hǎo, wǒmen xiān kànkan jīpiào ba.

새 단어
· 机票 jīpiào 명 비행기표

🎙 **한국어 뜻만 보고, 중국어로 말하는 연습을 해 보세요!**

김은지 나는 홍콩으로 여행 가고 싶어.
왕웨이 나도 가고 싶어.
김은지 그럼 우리 같이 가자.
왕웨이 좋아, 우리 먼저 비행기표 좀 보자.

💡 **중국어 더 알아봐요!** **旅行과 旅游의 차이**

'여행하다'라는 뜻의 단어로는 '旅行 lǚxíng' 외에 '旅游 lǚyóu'가 있습니다. 두 단어의 기본적인 의미는 같지만, 쓰임에는 약간의 차이가 있습니다. '旅游'는 관광이나 휴식처럼 즐기는 것을 목적으로 하는 여행을 말합니다. 반면 '旅行'은 이동을 중심으로 한 여행 전반을 의미하며, 출장이나 탐방 등 업무적인 목적의 이동까지 포함하는 보다 넓은 개념입니다. 두 단어는 보통 '去+장소+旅游/旅行'의 형태로 사용됩니다.

· 旅游 lǚyóu 동 여행하다

복습하며 풀어봐요!

1 녹음을 듣고 다음 대화를 완성해 보세요.

Ⓐ 我想去 ＿＿＿＿＿＿＿＿＿＿ 旅行。

해석 ＿＿＿＿＿＿＿＿＿＿

Ⓑ 我也想去。我们 ＿＿＿＿＿＿＿＿＿＿ 吧。

해석 ＿＿＿＿＿＿＿＿＿＿

2 다음 <보기>를 보고 빈칸에 알맞은 단어를 골라 써 보세요.

보기 　当　　逛街　　办

❶ 我想 ＿＿＿＿＿ 会员卡。　　저는 회원 카드를 발급하고 싶어요.

❷ 我想 ＿＿＿＿＿ 老师。　　나는 선생님이 되고 싶어.

❸ 你想去 ＿＿＿＿＿ 吗？　　너는 쇼핑하러 가고 싶니?

3 다음 제시된 단어를 올바르게 배열해 보세요.

❶ 吃 / 想 / 他今天 / 汉堡　　그는 오늘 햄버거를 먹고 싶어해.

▶ ＿＿＿＿＿＿＿＿＿＿ 。

❷ 离开 / 我 / 家 / 不想　　나는 집을 떠나고 싶지 않아.

▶ ＿＿＿＿＿＿＿＿＿＿ 。

❸ 想不想 / 啤酒 / 喝 / 你　　너는 맥주를 마시고 싶니, 안 마시고 싶니?

▶ ＿＿＿＿＿＿＿＿＿＿ ？

직접 쓰며 익히는 중국어 간화자!

想 HSK 1급
xiǎng [조동] ~하고 싶다

想 想 想 想 想 想 想 想 想 想 想 想 想

办 HSK 3급
bàn [동] 발급하다, 처리하다

办 办 办 办

当 HSK 4급
dāng [동] ~이 되다, 맡다

当 当 当 当 当 当

电脑 HSK 1급
diànnǎo [명] 컴퓨터

电 电 电 电 电
脑 脑 脑 脑 脑 脑 脑 脑 脑 脑

机票 HSK 2급
jīpiào [명] 비행기표

机 机 机 机 机 机
票 票 票 票 票 票 票 票 票 票 票

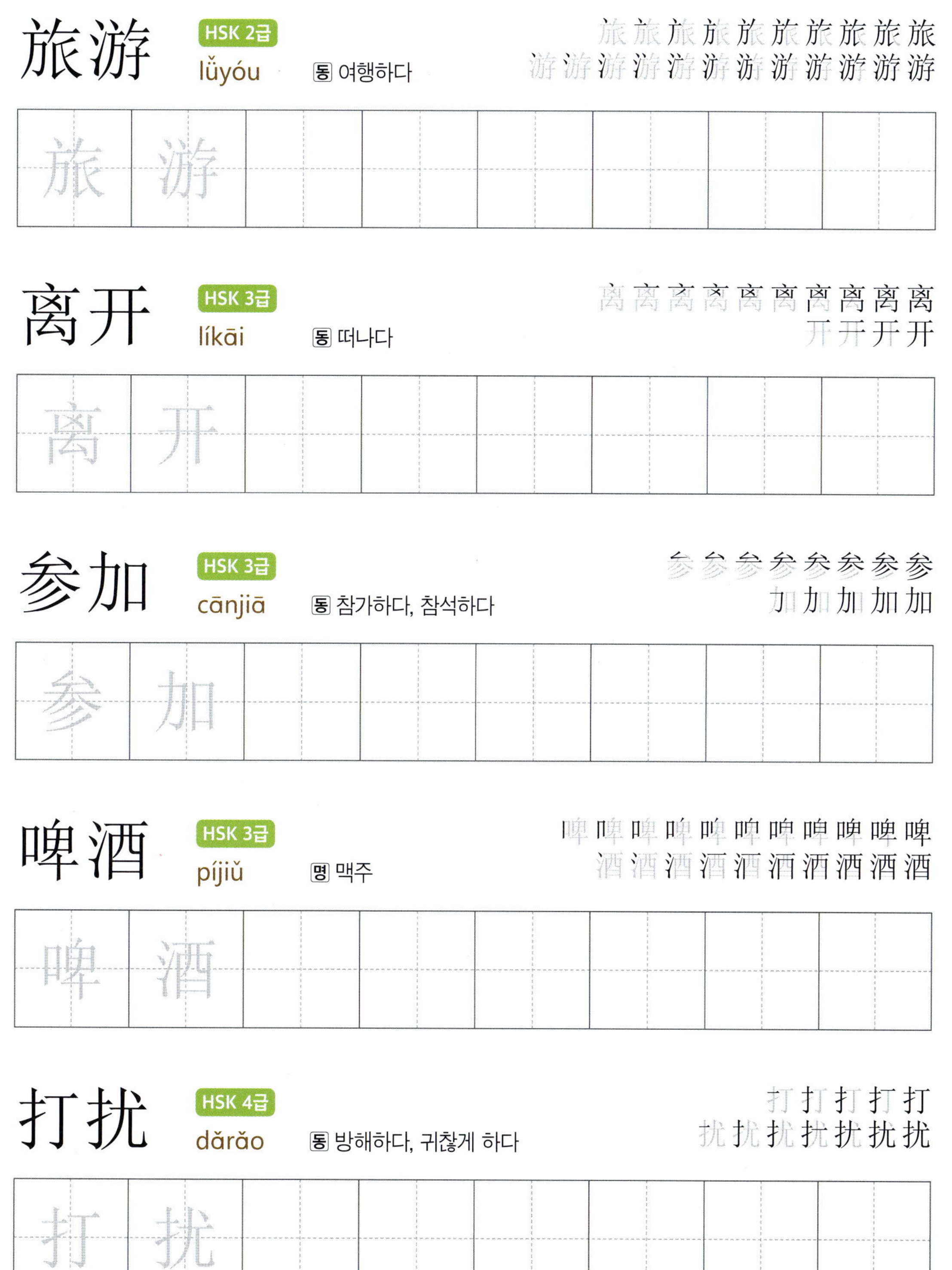

旅游
HSK 2급 lǚyóu 〔동〕여행하다

离开
HSK 3급 líkāi 〔동〕떠나다

参加
HSK 3급 cānjiā 〔동〕참가하다, 참석하다

啤酒
HSK 3급 píjiǔ 〔명〕맥주

打扰
HSK 4급 dǎrǎo 〔동〕방해하다, 귀찮게 하다

위챗 페이를 쓸 수 있나요?

能用微信支付吗?

Néng yòng wēixìn zhīfù ma?

UNIT 25 전체 음원

📖 학습 내용을 미리 살펴봐요!

이번 과에서는 '나는 매운 것을 먹을 수 있어', '나는 술을 마시지 못해'와 같이 할 수 있는 것과 할 수 없는 것에 대해 묻고 답하는 조동사 '能 néng'에 대해 배워 보려고 합니다. 이 과를 배우고 나면 자신의 타고난 능력이나 객관적인 조건·상황에 따른 가능 여부를 중국어로 자연스럽게 말할 수 있으며, 상대방의 능력이나 가능 여부를 묻는 기본적인 대화도 할 수 있게 됩니다.

📙 주요 단어를 미리 확인해요!

🎧 TRACK 25-01

能 néng 조동 ~할 수 있다	修 xiū 동 고치다, 수리하다	香菜 xiāngcài 명 고수	停车 tíngchē 동 주차하다, 차를 세우다
微信支付 wēixìn zhīfù 위챗 페이 [중국의 모바일 결제 서비스]	帮 bāng 동 돕다	一下 yíxià 수량 좀 ~하다, 한번 ~해 보다	接 jiē 동 (전화를) 받다
电话 diànhuà 명 전화			

개념부터 알아봐요!

조동사 能 

❶ 能의 기본 문장 구조

조동사 '能 néng'은 '~할 수 있다'라는 의미로 동사 앞에 놓여 학습 여부와 관계없이 주어의 타고난 능력을 나타내거나 객관적인 조건, 상황이 허락되어 어떤 행동이 가능함을 나타냅니다.

주어 + 能 + 동사 + (목적어)

我能吃辣的。
Wǒ néng chī là de.
나는 매운 것을 먹을 수 있어.(능력)

我今天能出去玩儿。
Wǒ jīntiān néng chūqù wánr.
나는 오늘 놀러 나갈 수 있어.(가능)

❷ 能의 부정문

부정문은 '能 néng' 앞에 부정부사 '不 bù'를 써서 '~할 수 없다', '~하지 못하다'라는 의미를 나타냅니다.

주어 + 不 + 能 + 동사 + (목적어)

我不能喝酒。
Wǒ bù néng hē jiǔ.
나는 술을 마시지 못해.

❸ 能의 의문문

'能 néng' 뒤에 의문사 '吗 ma'를 써서 '주어+能+동사+(목적어)+吗?'라고 가볍게 질문하는 방법도 있지만, '能不能 néng bu néng'으로 정반의문문을 활용하여 질문할 수도 있습니다.

你今天能来吗?
Nǐ jīntiān néng lái ma?
너는 오늘 올 수 있니?

你今天能不能来?
Nǐ jīntiān néng bu néng lái?
너는 오늘 올 수 있니, 올 수 없니?

문장으로 연습해요!

음원을 들으며 다음 제시된 문장을 반복해서 따라 말해 보세요.

우어 넝 시우 띠엔 나오
❶ 我能修电脑。
Wǒ néng xiū diànnǎo.

나는 컴퓨터를 고칠 수 있어.

콰이 띠 밍 티엔 넝 다오
❷ 快递明天能到。
Kuàidì míngtiān néng dào.

택배는 내일 도착할 수 있어.

쯔얼 넝 용 신 용 카
❸ 这儿能用信用卡。
Zhèr néng yòng xìnyòngkǎ.

여기는 신용 카드를 쓸 수 있어.

우어 넝 지에 니 총 띠엔 치
❹ 我能借你充电器。
Wǒ néng jiè nǐ chōngdiànqì.

나는 너한테 충전기를 빌려줄 수 있어.

타 뿌 넝 츠 시앙 차이
❺ 她不能吃香菜。
Tā bù néng chī xiāngcài.

그녀는 고수를 먹을 수 없어.

타 씨엔짜이 뿌 넝 츄 위엔

6 他现在不能出院。　　그는 지금 퇴원할 수 없어.
Tā xiànzài bù néng chūyuàn.

날　뿌 넝 팅 츠어

7 那儿不能停车。　　저기는 주차할 수 없어.
Nàr bù néng tíngchē.

쯔얼　넝 용 웨이 신 즈 푸 마

8 这儿能用微信支付吗?　　여기는 위챗 페이를 쓸 수 있나요?
Zhèr néng yòng wēixìn zhīfù ma?

니 넝 부 넝 빵 우어 이 씨아

9 你能不能帮我一下?　　너는 나 좀 도와줄 수 있니, 없니?
Nǐ néng bu néng bāng wǒ yíxià?

니 넝 부 넝 지에 띠엔 화

10 你能不能接电话?　　너는 전화를 받을 수 있니, 없니?
Nǐ néng bu néng jiē diànhuà?

실전처럼 말해봐요!

밍밍　我要一份手抓饼。
Wǒ yào yí fèn shǒuzhuābǐng.

점원　好的，要香菜吗？
Hǎo de, yào xiāngcài ma?

밍밍　不要香菜。能用微信支付吗？
Bú yào xiāngcài. Néng yòng wēixìn zhīfù ma?

점원　能，扫码吧。
Néng, sǎomǎ ba.

새 단어

- 份 fèn 양 ~인분[음식의 인분을 세는 단위]
- 手抓饼 shǒuzhuābǐng 쇼좌빙[중국식 토스트]
- 扫码 sǎomǎ 동 (QR 코드를) 스캔하다

🎤 한국어 뜻만 보고, 중국어로 말하는 연습을 해 보세요!

밍밍　쇼좌빙 1인분 주세요.
점원　네, 고수 드릴까요?
밍밍　고수 빼 주세요. 위챗 페이를 쓸 수 있나요?
점원　네(쓸 수 있어요), QR 코드를 스캔하세요.

💡 중국어 더 알아봐요!　不要의 용법

'不要 bú yào'는 '원하지 않다', '필요 없다'라는 뜻으로 어떤 일을 원하지 않거나 필요 없을 때 쓰는 표현입니다. 한편 '不要'가 부사로 쓰여 동사 앞에 놓일 때는 '~하지 마라'라는 의미로 상대방에게 행동을 멈추도록 부드럽게 요청할 때 사용합니다.

예　我不要辣椒。 Wǒ bú yào làjiāo.　고추 빼 주세요.
　　不要着急。 Búyào zháojí.　조급해하지 마.

· 不要 búyào 부 ~하지 마라 · 着急 zháojí 동 조급해하다, 초조해하다

복습하며 풀어봐요!

1 녹음을 듣고 다음 대화를 완성해 보세요.

Ⓐ 这儿 ＿＿＿＿＿＿＿＿＿＿＿＿＿ 吗?

해석 ＿＿＿＿＿＿＿＿＿＿＿＿＿＿＿＿＿＿＿

Ⓑ ＿＿＿＿＿＿＿＿＿, ＿＿＿＿＿＿＿ 吧。

해석 ＿＿＿＿＿＿＿＿＿＿＿＿＿＿＿＿＿＿＿

2 다음 <보기>를 보고 빈칸에 알맞은 단어를 골라 써 보세요.

보기 帮 修 香菜

❶ 我能 ＿＿＿＿＿＿ 电脑。　　　　나는 컴퓨터를 고칠 수 있어.

❷ 不要 ＿＿＿＿＿＿ 。　　　　고수 빼 주세요.

❸ 你能不能 ＿＿＿＿＿＿ 我一下?　　　너는 나 좀 도와줄 수 있니, 없니?

3 다음 제시된 단어를 올바르게 배열해 보세요.

❶ 能 / 明天 / 到 / 快递　　　　택배는 내일 도착할 수 있어.

▶ ＿＿＿＿＿＿＿＿＿＿＿＿＿＿ 。

❷ 他 / 不能 / 出院 / 现在　　　　그는 지금 퇴원할 수 없어.

▶ ＿＿＿＿＿＿＿＿＿＿＿＿＿＿ 。

❸ 接 / 能不能 / 你 / 电话　　　　너는 전화를 받을 수 있니, 없니?

▶ ＿＿＿＿＿＿＿＿＿＿＿＿＿＿ ?

직접 쓰며 익히는 중국어 간화자!

能 HSK 1급
néng 조동 ~할 수 있다

能能能能能能能能能能

帮 HSK 2급
bāng 동 돕다

帮帮帮帮帮帮帮帮帮

接 HSK 3급
jiē 동 (전화를) 받다

接接接接接接接接接接接

修 HSK 4급
xiū 동 고치다, 수리하다

修修修修修修修修修

份 HSK 4급
fèn 양 ~인분[음식의 인분을 세는 단위]

份份份份份份

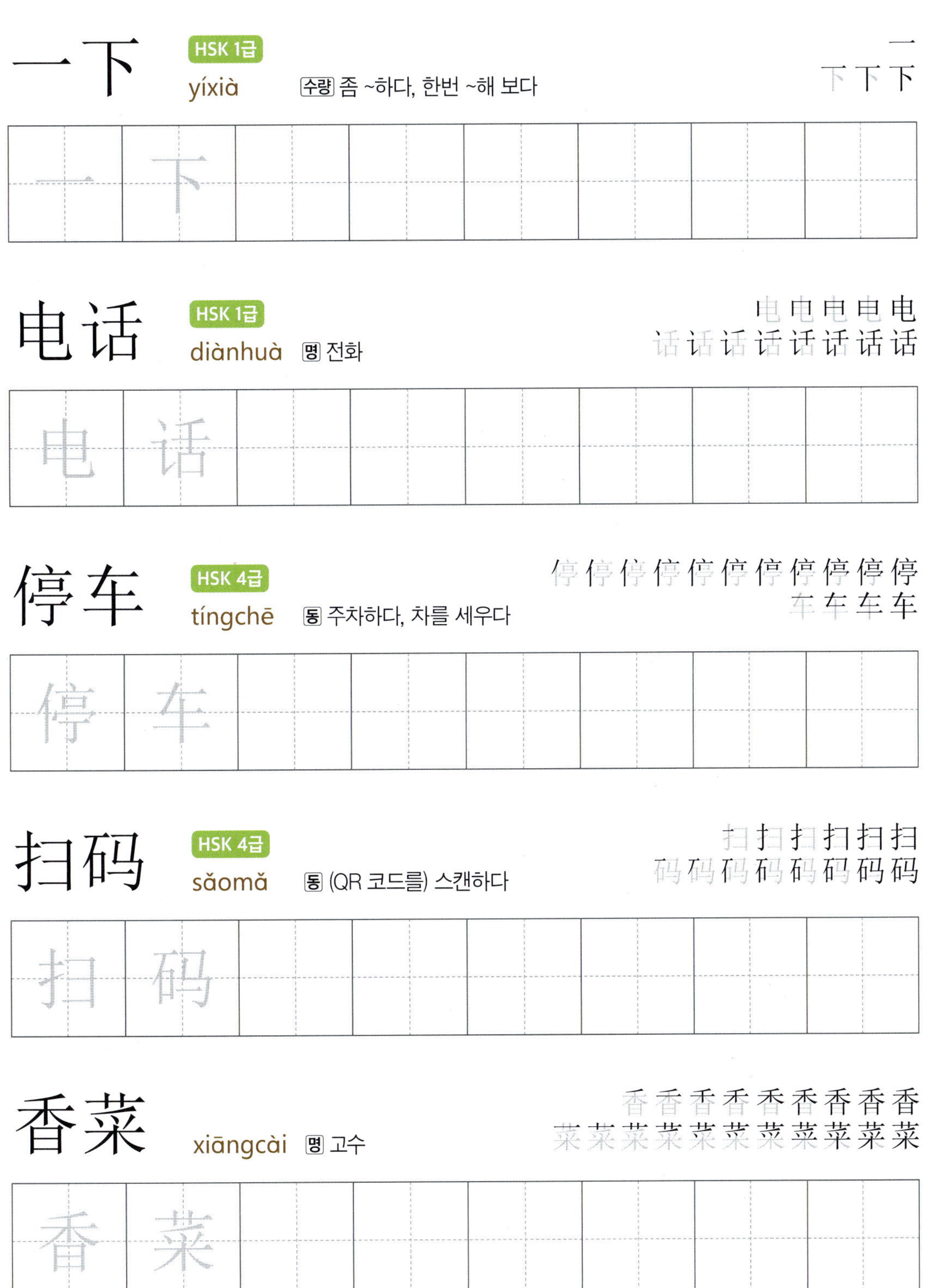

一下
yíxià　[수량] 좀 ~하다, 한번 ~해 보다

一
下 下 下

电话 HSK 1급
diànhuà　[명] 전화

电 电 电 电 电
话 话 话 话 话 话 话 话

停车 HSK 4급
tíngchē　[동] 주차하다, 차를 세우다

停 停 停 停 停 停 停 停 停
车 车 车 车

扫码 HSK 4급
sǎomǎ　[동] (QR 코드를) 스캔하다

扫 扫 扫 扫 扫 扫
码 码 码 码 码 码 码

香菜
xiāngcài　[명] 고수

香 香 香 香 香 香 香 香 香
菜 菜 菜 菜 菜 菜 菜 菜 菜 菜 菜

저 오후에 반차 내도 되나요?

我下午可以请假吗?

Wǒ xiàwǔ kěyǐ qǐngjià ma?

UNIT 26 전체 음원

📖 학습 내용을 미리 살펴봐요!

이번 과에서는 조동사 '可以 kěyǐ'에 대해 학습해 보려고 합니다. '可以'는 '여기 앉아도 되나요?'와 같이 허가나 허락의 의미와 '나는 중국어로 말할 수 있어요'처럼 어떤 일에 대한 능력이나 가능성을 나타내는 의미로 쓰입니다. 더 나아가 '~할 수 없다'라는 일반적인 부정 표현과 '~하면 안 된다'라는 강한 금지 표현의 차이도 함께 배워 보려고 합니다. 예문을 통해 각각의 쓰임과 의미 차이를 비교하며 학습해 봅시다.

📙 주요 단어를 미리 확인해요!

🎧 TRACK 26-01

可以 kěyǐ [조동] ~해도 된다, ~할 수 있다	英语 Yīngyǔ [고유] 영어	请假 qǐngjià [동] 휴가를 신청하다	放心 fàngxīn [동] 안심하다, 마음을 놓다
裙子 qúnzi [명] 치마, 스커트	这些 zhèxiē [대] 이들, 이것들	打包 dǎbāo [동] 포장하다	完成 wánchéng [동] 끝내다, 완성하다
作业 zuòyè [명] 숙제	乱 luàn [부] 함부로, 마구	花钱 huā qián 돈을 쓰다	抽烟 chōuyān [동] 담배를 피우다
拍照 pāizhào [동] 사진을 찍다, 촬영하다	现金 xiànjīn [명] 현금		

조동사 可以

❶ 可以의 기본 문장 구조

조동사 '可以 kěyǐ'는 '~해도 된다', '~할 수 있다'라는 의미로 동사 앞에 놓여 허가나 허락, 어떤 일에 대한 능력이나 가능성을 나타냅니다.

주어 + **可以** + 동사 + (목적어)

你可以坐这儿。　　　　　　너는 여기 앉아도 돼.(허가·허락)
Nǐ kěyǐ zuò zhèr.

我可以说英语。　　　　　　나는 영어로 말할 수 있어.(능력·가능성)
Wǒ kěyǐ shuō Yīngyǔ.

❷ 可以의 부정문

허가나 허락을 나타내는 '可以 kěyǐ'의 부정문은 '不能 bù néng'으로 '~할 수 없다'라는 뜻을 나타냅니다. '不可以 bù kěyǐ'로 부정할 경우에는 '절대 ~하면 안 된다'라는 강한 금지의 의미를 나타냅니다.

주어 + **不** + **能/可以** + 동사 + (목적어)

喝酒后不能开车。　　　　　술을 마신 후에 운전할 수 없어.
Hē jiǔ hòu bù néng kāichē.

喝酒后不可以开车。　　　　술을 마신 후에 운전하면 안 돼.(강한 금지)
Hē jiǔ hòu bù kěyǐ kāichē.

❸ 可以의 의문문

'可以 kěyǐ' 뒤에 의문사 '吗 ma'를 써서 '주어+可以+동사+(목적어)+吗?'라고 가볍게 질문하는 방법도 있지만, '可不可以 kě bu kěyǐ'로 정반의문문을 활용하여 질문할 수도 있습니다.

我可以请假吗?　　　　　　저 휴가 내도 되나요?
Wǒ kěyǐ qǐngjià ma?

我可不可以请假?　　　　　저 휴가 내도 되나요, 안 되나요?
Wǒ kě bu kěyǐ qǐngjià?

문장으로 연습해요!

음원을 들으며 다음 제시된 문장을 반복해서 따라 말해 보세요.

---

①
닌 크어 이 팡 신
您可以放心。
Nín kěyǐ fàngxīn.

안심하셔도 됩니다.

---

②
닌 크어 이 스 스 쯔어티아오 췬 즈
您可以试试这条裙子。
Nín kěyǐ shìshi zhè tiáo qúnzi.

이 치마 입어 보셔도 됩니다.

---

③
쯔어 시에 차이 크어 이 다 빠오
这些菜可以打包。
Zhèxiē cài kěyǐ dǎbāo.

이 음식들은 포장할 수 있어요.

---

④
우어 먼 진 티엔 크어 이 완 청 쭈어 이에
我们今天可以完成作业。
Wǒmen jīntiān kěyǐ wánchéng zuòyè.

우리는 오늘 숙제를 끝낼 수 있어.

---

⑤
니 뿌 크어 이 루안 화 치엔
你不可以乱花钱。
Nǐ bù kěyǐ luàn huā qián.

너는 돈을 함부로 쓰면 안 돼. (강한 금지)

TIP 你不能乱花钱。 Nǐ bù néng luàn huā qián. 너는 돈을 함부로 쓸 수 없어. (허가·허락)

⑥ 这儿**不可以**抽烟。   여기에서 담배를 피우면 안 됩니다. (강한 금지)
Zhèr bù kěyǐ chōuyān.

> **TIP** 这儿不能抽烟。 Zhèr bù néng chōuyān. 여기에서 담배를 피울 수 없어요. (허가·허락)

---

⑦ 这儿**不可以**拍照。   여기에서 사진을 찍으면 안 됩니다. (강한 금지)
Zhèr bù kěyǐ pāizhào.

> **TIP** 这儿不能拍照。 Zhèr bù néng pāizhào. 여기에서 사진을 찍을 수 없어요. (허가·허락)

---

⑧ 我**可以**用卫生间**吗**?   저 화장실 써도 되나요?
Wǒ kěyǐ yòng wèishēngjiān ma?

---

⑨ 这儿**可不可以**用现金?   여기에서 현금을 쓸 수 있나요, 없나요?
Zhèr kě bu kěyǐ yòng xiànjīn?

---

⑩ 我**可不可以**借这本书?   저 이 책 빌려도 되나요, 안 되나요?
Wǒ kě bu kěyǐ jiè zhè běn shū?

실전처럼 말해봐요!

밍밍 科长，我下午可以请假吗？
Kēzhǎng, wǒ xiàwǔ kěyǐ qǐngjià ma?

김과장 你不舒服吗？
Nǐ bù shūfu ma?

밍밍 我肚子很疼。
Wǒ dùzi hěn téng.

김과장 行，那你回家休息吧。
Xíng, nà nǐ huíjiā xiūxi ba.

새 단어

- 科长 kēzhǎng 명 과장
- 肚子 dùzi 명 배, 복부
- 疼 téng 형 아프다
- 行 xíng 형 좋다, 괜찮다
- 休息 xiūxi 동 쉬다, 휴식하다

TIP

'请假 qǐngjià'는 연차와 반차를 모두 포함해 '휴가를 신청하다'라는 뜻이에요. 구체적으로 '반차를 내다'라고 말하고 싶을 때는 '请'과 '假' 사이에 '반나절'이라는 뜻의 '半天 bàntiān'을 넣어 '请半天假 qǐng bàntiān jià'라고 하면 돼요.

🎤 **한국어 뜻만 보고, 중국어로 말하는 연습을 해 보세요!**

밍밍 과장님, 저 오후에 반차 내도 되나요?

김과장 몸이 안 좋으세요?

밍밍 저 배가 많이 아파요.

김과장 네, 그럼 집에 가서 쉬세요.

💡 **중국어 더 알아봐요!** **질병 관련 표현**

头疼 tóuténg 두통	肚子疼 dùzi téng 복통	牙疼 yáténg 치통	感冒 gǎnmào 감기(에 걸리다)	发烧 fāshāo 열이 나다
打喷嚏 dǎ pēntì 재채기를 하다	咳嗽 késou 기침(하다)	流鼻涕 liú bítì 콧물이 나다	消化不良 xiāohuà bùliáng 소화 불량	头晕 tóuyūn 어지럽다

1 녹음을 듣고 다음 대화를 완성해 보세요.

Ⓐ 你 ______________________ 吗?

[해석] ______________________

Ⓑ 我消化不良, ______________________ 。

[해석] ______________________

2 다음 <보기>를 보고 빈칸에 알맞은 단어를 골라 써 보세요.

[보기] 放心   借   拍照

❶ 您可以 __________ 。   안심하셔도 됩니다.

❷ 这儿不可以 __________ 。   여기에서 사진을 찍으면 안 됩니다.

❸ 我可不可以 __________ 这本书?   저 이 책 빌려도 되나요, 안 되나요?

3 다음 제시된 단어를 올바르게 배열해 보세요.

❶ 可以 / 菜 / 这些 / 打包   이 음식들은 포장할 수 있어요.

▶ ______________________ 。

❷ 您 / 试试 / 可以 / 这条裙子   이 치마 입어 보셔도 됩니다.

▶ ______________________ 。

❸ 抽烟 / 这儿 / 可以 / 不   여기에서 담배를 피우면 안 됩니다.

▶ ______________________ 。

직접 쓰며 익히는 중국어 간화자!

疼
HSK 2급
téng
[형] 아프다

疼疼疼疼疼疼疼疼疼疼

乱
HSK 4급
luàn
[부] 함부로, 마구

乱乱乱乱乱乱乱

可以
HSK 1급
kěyǐ
[조동] ~해도 된다, ~할 수 있다

可可可可可
以以以以

请假
HSK 3급
qǐngjià
[동] 휴가를 신청하다

请请请请请请请请请请
假假假假假假假假假假假

放心
HSK 3급
fàngxīn
[동] 안심하다, 마음을 놓다

放放放放放放放放
心心心心

裙子

HSK 3급
qúnzi　명 치마, 스커트

裙裙裙裙裙裙裙裙裙裙裙
子子子

完成

HSK 3급
wánchéng　동 끝내다, 완성하다

完完完完完完完
成成成成成成

作业

HSK 3급
zuòyè　명 숙제

作作作作作作作
业业业业业

拍照

HSK 3급
pāizhào　동 사진을 찍다, 촬영하다

拍拍拍拍拍拍拍拍
照照照照照照照照照照照照照

现金

HSK 4급
xiànjīn　명 현금

现现现现现现现现
金金金金金金金金

너는 스키 탈 줄 아니?

你会滑雪吗?
Nǐ huì huáxuě ma?

📖 학습 내용을 미리 살펴봐요!

이번 과에서는 조동사 '会 huì'에 대해 배워 보려고 합니다. '会'는 '나는 피아노를 칠 줄 알아', '나는 피아노를 칠 줄 몰라'와 같이 학습이나 경험을 통해 어떤 일을 할 수 있는지 또는 할 수 없는지를 나타내는 능력의 의미로 쓰입니다. 또한 '그는 올 거야', '그는 오지 않을 거야'처럼 어떤 일이 일어날 가능성의 유무를 나타내는 의미로도 쓰입니다. 이 과를 학습하고 나면 자신의 능력뿐만 아니라 미래에 대한 추측이나 가능성도 중국어로 자연스럽게 표현할 수 있습니다.

📖 주요 단어를 미리 확인해요!

🎧 TRACK 27-01

会 huì 조동 ~할 줄 알다, ~할 것이다	唱歌(儿) chànggē(r) 동 노래를 부르다	弹 tán 동 (악기를) 연주하다	钢琴 gāngqín 명 피아노
做饭 zuò fàn 요리하다, 밥을 하다	好好 hǎohǎo 부 잘, 제대로	软件 ruǎnjiàn 명 앱, 소프트웨어	滑雪 huáxuě 동 스키를 타다
生气 shēngqì 동 화내다	打 dǎ 동 (놀이·운동을) 하다	跳舞 tiàowǔ 동 춤을 추다	

개념부터 알아봐요!

조동사 会

❶ 会의 기본 문장 구조

조동사 '会 huì'는 '~할 줄 알다'라는 의미로 선천적인 능력이 아닌, 학습이나 경험을 통해 습득한 능력을 나타낼 때 쓰입니다. 또한 '~할 것이다', '~할 가능성이 있다'와 같이 미래의 일 또는 어떤 일이 일어날 것에 대한 추측이나 가능성을 표현할 때도 사용됩니다.

주어 + 会 + 동사 + (목적어)

~할 줄 알다(학습·경험)	~할 것이다, ~할 가능성이 있다(추측)
我会唱中文歌。 나는 중국 노래를 부를 줄 알아. Wǒ huì chàng Zhōngwén gē.	他会来的。 그는 올 거야. Tā huì lái de.

❷ 会의 부정문

부정문은 '会 huì' 앞에 부정부사 '不 bù'를 써서 '~할 줄 모르다', '~하지 않을 것이다'라는 의미를 나타냅니다.

'会 huì'는 뒤에 종종 '的 de'와 함께 쓰여 '(반드시) ~하게 될 것이다'라는 의미를 나타내며, 화자의 추측이나 판단을 한층 더 부드럽게 하거나 확신의 뉘앙스를 더하는 역할을 해요.

주어 + 不 + 会 + 동사 + (목적어)

~할 줄 모르다(학습·경험)	~하지 않을 것이다(추측)
我不会唱中文歌。 나는 중국 노래를 부를 줄 몰라. Wǒ bú huì chàng Zhōngwén gē.	他不会来的。 그는 오지 않을 거야. Tā bú huì lái de.

❸ 会의 의문문

'会 huì' 뒤에 의문사 '吗 ma'를 써서 '주어+会+동사+(목적어)+吗?'라고 가볍게 질문하는 방법도 있지만, '会不会 huì bu huì'로 정반의문문을 활용하여 질문할 수도 있습니다.

~할 줄 아니?(학습·경험)	~일까?(추측)
你会不会唱中文歌? Nǐ huì bu huì chàng Zhōngwén gē? 너는 중국 노래를 부를 줄 아니, 모르니?	他会来吗? 그는 올까? Tā huì lái ma?

문장으로 연습해요!

음원을 들으며 다음 제시된 문장을 반복해서 따라 말해 보세요.

❶ 我**会**弹钢琴。
우어 훼이 탄 깡 친
Wǒ huì tán gāngqín.

나는 피아노를 칠 줄 알아.

---

❷ 我**会**做饭。
우어 훼이 쭈어 판
Wǒ huì zuò fàn.

나는 요리를 할 줄 알아.

---

❸ 我**会**好好学**的**。
우어 훼이 하오 하오 쉬에 더
Wǒ huì hǎohǎo xué de.

내가 잘 배울게.

TIP '好好 hǎohǎo'는 회화체에서 '好好儿 hǎohāor' 형태로 자주 쓰이며, 이 경우 두 번째 '好'를 제1성으로 발음해요.

---

❹ 我们明天**会**再来**的**。
우어 먼 밍 티엔 훼이 짜이 라이 더
Wǒmen míngtiān huì zài lái de.

우리는 내일 다시 올 거야.

---

❺ 我**不会**用这个软件。
우어 부 훼이 용 쯔어 거 루안 찌엔
Wǒ bú huì yòng zhège ruǎnjiàn.

나는 이 앱을 사용할 줄 몰라.

6 띠 디 부 훼이 화 쉬에
弟弟**不会**滑雪。
Dìdi bú huì huáxuě.

남동생은 스키 탈 줄 몰라.

> **TIP** '스케이트를 타다'는 '滑冰 huábīng'이라고 해요.

7 타 부 훼이 성 치 더
她**不会**生气**的**。
Tā bú huì shēngqì de.

그녀는 화내지 않을 거야.

8 니 훼이여우 용 마
你**会**游泳**吗**?
Nǐ huì yóuyǒng ma?

너는 수영할 줄 아니?

9 니 훼이 부 훼이티아오 우
你**会不会**跳舞?
Nǐ huì bu huì tiàowǔ?

너는 춤을 출 줄 아니, 모르니?

10 타 훼이 부 훼이 시 환 쯔어 거 리 우
她**会不会**喜欢这个礼物?
Tā huì bu huì xǐhuan zhège lǐwù?

그가 이 선물을 좋아할까, 안 좋아할까?

실전처럼 말해봐요!

이유진 你会滑雪吗?
Nǐ huì huáxuě ma?

밍밍 我不会，我老家不下雪。
Wǒ bú huì, wǒ lǎojiā bú xiàxuě.

이유진 你想学吗? 我可以教你。
Nǐ xiǎng xué ma? Wǒ kěyǐ jiāo nǐ.

밍밍 那好，我会好好学的。
Nà hǎo, wǒ huì hǎohǎo xué de.

새 단어

- 老家 lǎojiā 명 고향
- 下雪 xiàxuě 눈이 내리다

🎤 한국어 뜻만 보고, 중국어로 말하는 연습을 해 보세요!

이유진 당신은 스키 탈 줄 아나요?
밍밍 저는 탈 줄 몰라요, 우리 고향에는 눈이 안 오거든요.
이유진 배우고 싶어요? 제가 가르쳐 줄 수 있어요.
밍밍 그럼 좋죠, 제가 잘 배울게요.

💡 중국어 더 알아봐요! 날씨 관련 표현

下雨 xiàyǔ 비가 내리다	下雪 xiàxuě 눈이 내리다	晴天 qíngtiān 맑은 날	阴天 yīntiān 흐린 날
刮风 guāfēng 바람이 불다	有雾 yǒuwù 안개가 끼다	多云 duōyún 구름이 많다	打雷 dǎléi 천둥 치다

복습하며 풀어봐요!

1 녹음을 듣고 다음 대화를 완성해 보세요.

Ⓐ 你 _________________ 吗?

해석 _________________

Ⓑ 我 _________ , 我 _________ 。

해석 _________________

2 다음 <보기>를 보고 빈칸에 알맞은 단어를 골라 써 보세요.

보기　再　　弹　　礼物

❶ 我会 _______ 钢琴。　　나는 피아노를 칠 줄 알아.

❷ 我们明天会 _______ 来的。　　우리는 내일 다시 올 거야.

❸ 他会不会喜欢这个 _______ ?　　그가 이 선물을 좋아할까, 안 좋아할까?

3 다음 제시된 단어를 올바르게 배열해 보세요.

❶ 我 / 好好学 / 会 / 的　　내가 잘 배울게.

▶ _________________ 。

❷ 不会 / 用 / 我 / 这个软件　　나는 이 앱을 사용할 줄 몰라.

▶ _________________ 。

❸ 游泳 / 会 / 吗 / 你　　너는 수영 할 줄 아니?

▶ _________________ ?

직접 쓰며 익히는 중국어 간화자!

会 HSK 1급
huì　[조동] ~할 줄 알다, ~할 것이다

会 会 会 会 会 会

打 HSK 2급
dǎ　[동] (놀이·운동을) 하다

打 打 打 打 打

弹 HSK 4급
tán　[동] (악기를) 연주하다

弹 弹 弹 弹 弹 弹 弹 弹 弹 弹 弹

跳舞 HSK 2급
tiàowǔ　[동] 춤을 추다

跳 跳 跳 跳 跳 跳 跳 跳 跳 跳 跳 跳 跳
舞 舞 舞 舞 舞 舞 舞 舞 舞 舞 舞 舞 舞 舞

生气 HSK 3급
shēngqì　[동] 화내다

生 生 生 生 生
气 气 气 气

钢琴

gāngqín 　명 피아노

老家

lǎojiā 　명 고향

软件

ruǎnjiàn 　명 앱, 소프트웨어

下雪

xiàxuě 　눈이 내리다

晴天

qíngtiān 　맑은 날

돈을 낭비하면 안 돼.

不应该浪费钱。
Bù yīnggāi làngfèi qián.

UNIT 28 전체음원

📖 학습 내용을 미리 살펴봐요!

이번 과에서는 조동사 '应该 yīnggāi'에 대해 배워 보려고 합니다. '应该'는 '돈을 낭비하면 안 돼'처럼 도리상 하거나 하지 말아야 함을 나타내는 의미와 '내일은 아마 날이 좋을 거야'와 같이 추측을 나타내는 의미로 쓰입니다. 이 표현을 학습하고 나면 다양한 상황에서 사용되는 '应该'의 용법을 정확히 이해하고 자연스럽게 활용할 수 있게 됩니다.

📙 주요 단어를 미리 확인해요!

🎧 TRACK 28-01

应该 yīnggāi 조동 (마땅히) ~해야 한다, 아마(당연히) ~일 것이다	酒后开车 jiǔ hòu kāichē 음주 운전하다	工资 gōngzī 명 급여, 임금	运动 yùndòng 동 운동하다
看 kàn 동 진료하다, 친찰하다	医院 yīyuàn 명 병원	电梯 diàntī 명 엘리베이터	前面 qiánmian 명 앞, 전면
浪费 làngfèi 동 낭비하다	逃课 táokè 동 무단결석하다, 땡땡이치다	答案 dá'àn 명 답, 답안	忘记 wàngjì 동 잊어버리다

조동사 应该

❶ 应该의 기본 문장 구조

조동사 '应该 yīnggāi'는 '(마땅히) ~해야 한다'라는 의미로 도리상의 의무나 필요성을 나타내며, '아마 (당연히) ~일 것이다'와 같은 추측을 나타낼 때도 사용됩니다.

주어 + 应该 + 동사 + (목적어)

(마땅히) ~해야 한다(당위성)	아마(당연히) ~일 것이다(추측)
你应该谢谢他。 너는 그에게 고마워해야 해. Nǐ yīnggāi xièxie tā.	明天应该是晴天。 내일은 아마 날이 좋을 거야. Míngtiān yīnggāi shì qíngtiān.

❷ 应该의 부정문

'应该 yīnggāi'의 부정문은 부정부사 '不 bù'를 써서 '~하지 말아야 한다(당위성)', '아마 ~하지 않을 것이다(추측)'라는 의미를 나타냅니다. 다만 당위성의 의미로 쓰일 때와 추측의 의미로 쓰일 때, '不'의 위치가 달라지므로 주의해야 합니다.

不 + 应该   应该 + 不

(마땅히) ~하지 말아야 한다(당위성)	아마(당연히) ~하지 않을 것이다(추측)
你不应该酒后开车。 Nǐ bù yīnggāi jiǔ hòu kāichē. 너는 음주 운전을 하지 말아야 해.	她今天应该不上班。 Tā jīntiān yīnggāi bù shàngbān. 그녀는 오늘 아마 출근하지 않을 거야.

❸ 应该의 의문문

'应该 yīnggāi'의 의문문은 당위성을 나타낼 때는 문장 끝에 '吗 ma'나 '什么 shénme', '怎么 zěnme', '几 jǐ' 등의 의문대사가 오며, 추측을 나타낼 때는 보통 문장 끝에 '吧 ba'가 옵니다.

~해야 하니?(당위성)	~겠지?(추측)
我现在应该做什么？ Wǒ xiànzài yīnggāi zuò shénme? 나는 지금 무엇을 해야 하니?	他工资应该挺高吧？ Tā gōngzī yīnggāi tǐng gāo ba? 그는 급여가 매우 높겠지?

문장으로 연습해요!

음원을 들으며 다음 제시된 문장을 반복해서 따라 말해 보세요.

1 니 잉 까이 뚜어 윈 뚱
你**应该**多运动。
Nǐ yīnggāi duō yùndòng.

너는 운동을 많이 해야 해.

---

2 니 잉 까이 취 이 위엔 칸 이 성
你**应该**去医院看医生。
Nǐ yīnggāi qù yīyuàn kàn yīshēng.

너는 병원에 가서 진료를 받아야 해.

TIP '여기에서 '看 kàn'은 단순히 '보다'라는 의미가 아닌 '진료하다', '진찰하다'라는 의미로 쓰여 '看医生 kàn yīshēng'은 '진료를 받다'라는 뜻이 돼요.

---

3 티엔 티 잉 까이 짜이 치엔 미엔
电梯**应该**在前面。
Diàntī yīnggāi zài qiánmian.

엘리베이터는 아마 앞쪽에 있을 거야.

---

4 타 진 티엔 잉 까이 짜이 지아
他今天**应该**在家。
Tā jīntiān yīnggāi zài jiā.

그는 오늘 아마 집에 있을 거야.

---

5 니 뿌 잉 까이 랑 페이 스 지엔
你**不应该**浪费时间。
Nǐ bù yīnggāi làngfèi shíjiān.

너는 시간을 낭비하면 안 돼.

6 쉬에 성 뿌 잉 까이 타오 크어
学生**不应该**逃课。
Xuésheng bù yīnggāi táokè.

학생은 수업을 빠지면 안 돼.

7 타 잉 까이 뿌 쯔 따오 다 안
他**应该不**知道答案。
Tā yīnggāi bù zhīdào dá'àn.

그는 아마 답을 모를 거야.

8 우어 잉 까이 뿌 훼이 왕 찌
我**应该不**会忘记。
Wǒ yīnggāi bú huì wàngjì.

나는 아마 잊지 않을 거야.

9 나 우어 잉 까이 지 디엔 라이
那我**应该几**点来?
Nà wǒ yīnggāi jǐ diǎn lái?

그럼 내가 몇 시에 와야 하니?

10 쯔어 거 빠오 잉 까이 헌 꿰이 바
这个包**应该**很贵**吧**?
Zhège bāo yīnggāi hěn guì ba?

이 가방은 아마 비싸겠지?

실전처럼 말해봐요!

왕웨이 这些都是你的快递吗?
Zhèxiē dōu shì nǐ de kuàidì ma?

김은지 是啊，淘宝打折，很便宜啊。
Shì a, táobǎo dǎzhé, hěn piányi a.

왕웨이 那也不应该浪费钱呀。
Nà yě bù yīnggāi làngfèi qián ya.

김은지 这是最后一次。
Zhè shì zuìhòu yí cì.

새 단어 📌

- 都 dōu 뮈 다, 모두
- 淘宝 táobǎo 타오바오[중국 인터넷 쇼핑 사이트]
- 最后 zuìhòu 몡 마지막, 최후
- 次 cì 맹 번[횟수를 세는 단위]

🎙 한국어 뜻만 보고, 중국어로 말하는 연습을 해 보세요!

왕웨이 이것들은 다 네 택배니?

김은지 응, 타오바오에서 할인을 해서, 엄청 싸.

왕웨이 그래도 돈을 낭비하면 안 되지.

김은지 이번이 마지막이야.

💡 중국어 더 알아봐요! 택배 관련 용어

快递员 kuàidì yuán 택배 기사	发件人 fājiàn rén 발송인, 보내는 사람	收件人 shōujiàn rén 수신인, 받는 사람	查询物流 cháxún wùliú 배송 조회
快递单号 kuàidì dānhào 운송장 번호	发货 fāhuò 물건을 보내다	取快递 qǔ kuàidì 택배를 찾다	退货 tuìhuò 반품하다

1 녹음을 듣고 다음 대화를 완성해 보세요.

Ⓐ 这些都是 ＿＿＿＿＿＿＿＿＿＿ 吗?

해석 ＿＿＿＿＿＿＿＿＿＿＿

Ⓑ 是啊，淘宝 ＿＿＿＿ , 很 ＿＿＿＿ 啊。

해석 ＿＿＿＿＿＿＿＿＿＿＿

2 다음 <보기>를 보고 빈칸에 알맞은 단어를 골라 써 보세요.

보기　电梯　　　浪费　　　运动

❶ 你应该多 ＿＿＿＿ 。　　　　너는 운동을 많이 해야 해.

❷ ＿＿＿＿ 应该在前面。　　　엘리베이터는 아마 앞쪽에 있을 거야.

❸ 你不应该 ＿＿＿＿ 时间。　　너는 시간을 낭비하면 안 돼.

3 다음 제시된 단어를 올바르게 배열해 보세요.

❶ 你 / 去医院 / 应该 / 看医生　　너는 병원에 가서 진료를 받아야 해.

▶ ＿＿＿＿＿＿＿＿＿＿ 。

❷ 不 / 应该 / 学生 / 逃课　　학생은 수업을 빠지면 안 돼.

▶ ＿＿＿＿＿＿＿＿＿＿ 。

❸ 应该 / 那我 / 来 / 几点　　그럼 내가 몇 시에 와야 하니?

▶ ＿＿＿＿＿＿＿＿＿＿ ?

직접 쓰며 익히는 중국어 간화자!

都 HSK 1급
dōu 부 다, 모두

都 都 都 都 都 都 都 都 都 都

前面 HSK 2급
qiánmian 명 앞, 전면

前 前 前 前 前 前 前 前 前
面 面 面 面 面 面 面 面 面

应该 HSK 3급
yīnggāi 조동 (마땅히) ~해야 한다, 아마(당연히) ~일 것이다

应 应 应 应 应 应 应
该 该 该 该 该 该 该 该

电梯 HSK 3급
diàntī 명 엘리베이터

电 电 电 电 电
梯 梯 梯 梯 梯 梯 梯 梯 梯 梯 梯

忘记 HSK 3급
wàngjì 동 잊어버리다

忘 忘 忘 忘 忘 忘 忘
记 记 记 记 记

最后

HSK 3급
zuìhòu　명 마지막, 최후

工资

HSK 4급
gōngzī　명 급여, 임금

浪费

HSK 4급
làngfèi　동 낭비하다

答案

HSK 4급
dá'àn　명 답, 답안

逃课

táokè　동 무단결석하다, 땡땡이치다

나도 '좋아요'를 누를래.

我也要点赞。
Wǒ yě yào diǎnzàn.

📖 학습 내용을 미리 살펴봐요!

이번 과에서는 조동사 '要 yào'에 대해 학습하려고 합니다. '要'는 '나는 일찍 출발하려고 해'처럼 앞으로의 계획이나 의지를 나타내는 의미와 '너는 많이 쉬어야 해'처럼 강한 의무를 나타내는 의미로 쓰입니다. 이 표현을 배우고 나면 상황에 맞게 '要'를 활용해 자신의 계획과 의지, 그리고 해야 할 일을 중국어로 자연스럽게 말할 수 있습니다.

📕 주요 단어를 미리 확인해요!

🎧 TRACK 29-01

要 yào 조동 ~하려고 하다, ~해야 한다	**早** zǎo 형 이르다, 빠르다	**多** duō 부 많이	**那么** nàme 대 그렇게, 저렇게
伤心 shāngxīn 동 슬퍼하다, 상심하다	**走** zǒu 동 가다, 걷다	**高铁** gāotiě 명 고속 철도	**票** piào 명 표, 티켓
书店 shūdiàn 명 서점	**一定** yídìng 부 반드시, 꼭	**遵守** zūnshǒu 동 지키다, 준수하다	**交通** jiāotōng 명 교통
规则 guīzé 명 규칙, 법칙	**海鲜** hǎixiān 명 해산물	**百货商店** bǎihuò shāngdiàn 명 백화점	

개념부터 알아봐요!

조동사 要

❶ 要의 기본 문장 구조

조동사 '要 yào'는 '~하려고 하다'라는 의미로 주어의 계획이나 의지를 나타내며, '~해야 한다'와 같은 강한 의무를 나타낼 때도 사용됩니다.

주어 + 要 + (부사) + 동사 + (목적어)

~하려고 하다(계획·의지)	~해야 한다(강한 의무)
我要早点儿出发。 나는 좀 일찍 출발하려고 해. Wǒ yào zǎo diǎnr chūfā.	你要多休息。 너는 많이 쉬어야 해. Nǐ yào duō xiūxi.

❷ 要의 부정문

조동사 '要 yào'의 일반적인 부정문은 '不想 bù xiǎng'으로 '~하고 싶지 않다'라는 의미를 나타냅니다. 다만 '~하지 말아야 한다'라는 금지를 나타낼 때는 '不要 búyào'로 부정합니다.

不 + 想   不 + 要

~하고 싶지 않다(의지)	~하지 말아야 한다(금지)
我不想买这本书。 나는 이 책을 사고 싶지 않아. Wǒ bù xiǎng mǎi zhè běn shū.	你不要那么伤心。 너는 그렇게 슬퍼하지 마. Nǐ búyào nàme shāngxīn.

'~해야 한다'라는 강한 의무를 나타내는 '要 yào'의 부정형은 '不用 búyòng'으로 '~할 필요 없다'라는 의미를 나타내요.
你不用买这本书。 Nǐ búyòng mǎi zhè běn shū.   너는 이 책을 살 필요 없어.

❸ 要의 의문문

주로 의문사 '吗 ma'나 정반의문문 '要不要 yào bu yào'를 활용하여 질문합니다.

~하려고 하나요?	~해야 해요?
你要不要打包? Nǐ yào bu yào dǎbāo? 포장하시겠습니까, 안 하시겠습니까?	你现在要不要走? Nǐ xiànzài yào bu yào zǒu? 너는 지금 가야 하니, 안 가야 하니?

음원을 들으며 다음 제시된 문장을 반복해서 따라 말해 보세요.

우어 야오 마이 까오 티에피아오

1 我要买高铁票。

Wǒ yào mǎi gāotiě piào.

나는 고속 철도 표를 사려고 해.

우어 먼 야오 취 슈 띠엔 마이 슈

2 我们要去书店买书。

Wǒmen yào qù shūdiàn mǎi shū.

우리는 서점에 가서 책을 사려고 해.

니 야오 뚜어 흐어 르어 쉐이

3 你要多喝热水。

Nǐ yào duō hē rè shuǐ.

너는 따뜻한 물을 많이 마셔야 해.

우어 먼 이 띵 야오 준 셔우지아오 통 꿰이 저

4 我们一定要遵守交通规则。

우리는 반드시 교통 규칙을 잘 지켜야 해.

Wǒmen yídìng yào zūnshǒu jiāotōng guīzé.

 **TIP** '要 yào' 앞에 '一定 yídìng'이 오면 더욱 강한 의무를 나타내요.

우어 뿌 시앙 츠 하이 시엔

5 我不想吃海鲜。

Wǒ bù xiǎng chī hǎixiān.

나는 해산물을 먹고 싶지 않아.

6

우어 뿌 시앙 다 사오 팡 지엔

我**不想**打扫房间。

Wǒ bù xiǎng dǎsǎo fángjiān.

나는 방 청소를 하고 싶지 않아.

7

니 부 야오 딴 신

你**不要**担心。

Nǐ búyào dānxīn.

너 걱정하지 마.

8

니 부 야오　왈 셔우 지

你**不要**玩儿手机。

Nǐ búyào wánr shǒujī.

너 휴대 전화 가지고 놀지 마.

9

지에 지에 져우 르 이에 야오 꽁 쭈어 마

姐姐周日也**要**工作**吗**?

Jiějie zhōurì yě yào gōngzuò ma?

누나(언니)는 일요일에도 일해야 하니?

10

니 야오 부 야오 이 치 취 바이후어 샹 띠엔

你**要不要**一起去百货商店?

Nǐ yào bu yào yìqǐ qù bǎihuò shāngdiàn?

너는 백화점에 같이 갈래, 안 갈래?

실전처럼 말해봐요!

김은지 这是我的抖音号。
Zhè shì wǒ de dǒuyīn hào.

왕웨이 好多人点赞啊。
Hǎo duō rén diǎn zàn a.

김은지 下次我要拍做菜的视频。
Xià cì wǒ yào pāi zuò cài de shìpín.

왕웨이 那我也要点赞。
Nà wǒ yě yào diǎn zàn.

새 단어

- 抖音号 dǒuyīn hào 틱톡 계정
- 点赞 diǎn zàn '좋아요'를 누르다
- 下次 xià cì 명 다음번
- 拍 pāi 통 찍다, 촬영하다

TIP

'点赞 diǎn zàn'에서 '点 diǎn'은 '누르다', '클릭하다'라는 의미이고, '赞 zàn'은 '칭찬하다'라는 의미로 두 글자가 합쳐져 SNS에서 가볍게 '좋아요를 누르다'라는 의미로 사용돼요.

🎙 한국어 뜻만 보고, 중국어로 말하는 연습을 해 보세요!

김은지 이것은 내 틱톡 계정이야.

왕웨이 '좋아요'를 누른 사람이 많네.

김은지 다음에는 내가 요리하는 영상을 찍을 거야.

왕웨이 그러면 나도 '좋아요'를 누를래.

💡 중국어 더 알아봐요! SNS에서 자주 쓰는 용어

点赞	取消点赞	评论	关注
diǎn zàn	qǔxiāo diǎn zàn	pínglùn	guānzhù
'좋아요'를 누르다	'좋아요'를 취소하다	댓글을 달다, 리뷰를 남기다	구독하다, 팔로우하다
取消关注	粉丝	分享	话题
qǔxiāo guānzhù	fěnsī	fēnxiǎng	huàtí
구독을 취소하다, 언팔로우하다	팬, 팔로우	공유하다	해시태그

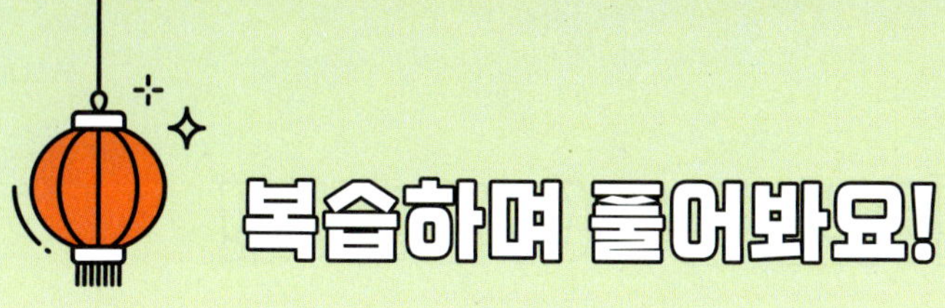

1 녹음을 듣고 다음 대화를 완성해 보세요.

Ⓐ 下次我 ________ 拍做菜的 ________ 。

　　해석 ________

Ⓑ 那我也 ________ 。

　　해석 ________

2 다음 <보기>를 보고 빈칸에 알맞은 단어를 골라 써 보세요.

> **보기**　海鲜　　　热水　　　工作

❶ 你要多喝 ________ 。　　　　　너는 따뜻한 물을 많이 마셔야 해.

❷ 我不想吃 ________ 。　　　　　나는 해산물을 먹고 싶지 않아.

❸ 姐姐周日也要 ________ 吗?　　누나(언니)는 일요일에도 일해야 하니?

3 다음 제시된 단어를 올바르게 배열해 보세요.

❶ 高铁票 / 买 / 要 / 我　　　　나는 고속 철도 표를 사려고 해.

▶ ________ 。

❷ 房间 / 打扫 / 我 / 不想　　　나는 방 청소를 하고 싶지 않아.

▶ ________ 。

❸ 手机 / 你 / 玩儿 / 不要　　　너 휴대 전화 가지고 놀지 마.

▶ ________ 。

직접 쓰며 익히는 중국어 간화자!

走　**HSK 2급**
zǒu　동 가다, 걷다

走 走 走 走 走 走 走

拍　**HSK 4급**
pāi　동 찍다, 촬영하다

拍 拍 拍 拍 拍 拍 拍 拍

书店　**HSK 1급**
shūdiàn　명 서점

书 书 书 书
店 店 店 店 店 店 店 店

高铁　**HSK 3급**
gāotiě　명 고속 철도

高 高 高 高 高 高 高 高 高 高
铁 铁 铁 铁 铁 铁 铁 铁 铁 铁

一定　**HSK 3급**
yídìng　부 반드시, 꼭

一
定 定 定 定 定 定 定 定

伤心

shāngxīn 통 슬퍼하다, 상심하다

交通

jiāotōng 명 교통

遵守

zūnshǒu 통 지키다, 준수하다

规则

guīzé 명 규칙, 법칙

海鲜

hǎixiān 명 해산물

술을 적게 마시고,
많이 쉬어야 해요.

您得少喝酒，多休息。　Nín děi shǎo hē jiǔ, duō xiūxi.

📖 학습 내용을 미리 살펴봐요!

이번 과에서는 '나는 일찍 자야 해', '우리는 빨리 결정해야 해'와 같이 객관적인 필요나 의무를 나타내는 조동사 '得 děi'에 대해 배워 보려고 합니다. 이 표현을 배우고 나면 중국어로 어떤 행위나 동작에 대한 강한 당위성이나 의무를 보다 정확하게 표현할 수 있게 됩니다.

📗 주요 단어를 미리 확인해요!

🎧 TRACK 30-01

得 děi 조동 ~해야 한다	睡觉 shuìjiào 동 자다	解释 jiěshì 동 설명하다, 해명하다	练习 liànxí 명 연습 동 연습하다
决定 juédìng 명 결정 동 결정하다	打针 dǎzhēn 동 주사를 맞다, 주사를 놓다	住院 zhùyuàn 동 입원하다	加班 jiābān 동 야근하다, 초과 근무하다
机场 jīchǎng 명 공항	怎么办 zěnme bàn 어떻게 하다		

개념부터 알아봐요!

조동사 得

❶ 得의 기본 문장 구조

조동사 '得 děi'는 '~해야 한다'라는 의미로 동사 앞에 놓여 어떤 동작 또는 행위를 해야 한다는 강한 당위성이나 의무를 나타냅니다.

我**得**早点儿睡觉。　　　　　　나는 좀 일찍 자야 해.
Wǒ děi zǎo diǎnr shuìjiào.

❷ 得의 부정문

부정문은 '不得 bù děi'라고 표현하지 않고, '不用 búyòng'으로 쓰며 '~할 필요가 없다'라는 뜻을 나타냅니다.

你**不用**再解释。　　　　　　너는 더 이상 설명할 필요가 없어.
Nǐ búyòng zài jiěshì.

> **TIP**
> '得 děi'의 부정을 '不得'로 쓰면 '~해서는 안 된다'라는 의미로 금지의 뉘앙스가 강해지며, 이때는 'bù děi'가 아닌 'bù dé'로 발음해야 해요.

❸ 得의 의문문

'得 děi' 뒤에 '怎么 zěnme', '什么时候 shénme shíhou', '几 jǐ' 등의 의문대사를 넣어 '~해야 해요?'라는 의문문을 만들 수 있습니다.

你**得**几点到那儿?　　　　　　너는 몇 시에 거기 도착해야 하니?
Nǐ děi jǐ diǎn dào nàr?

문장으로 연습해요!

음원을 들으며 다음 제시된 문장을 반복해서 따라 말해 보세요.

---

❶
닌 데이 샤오 흐어 지우
您**得**少喝酒。
Nín děi shǎo hē jiǔ.

당신은 술을 적게 마셔야 해요.

---

❷
니 데이 하오 하오 리엔 시
你**得**好好练习。
Nǐ děi hǎohǎo liànxí.

너는 열심히 연습해야 해.

---

❸
우어 먼 데이 콰이 디 얼 쭈어 쥐에 띵
我们**得**快点儿做决定。
Wǒmen děi kuài diǎnr zuò juédìng.

우리는 좀 빨리 결정해야 해.

---

❹
니 부 용 다 쩐
你**不用**打针。
Nǐ búyòng dǎzhēn.

너는 주사를 맞을 필요가 없어.

---

❺
니 부 용 덩 우어
你**不用**等我。
Nǐ búyòng děng wǒ.

너는 나를 기다릴 필요가 없어.

6 타 부 용 쮜 위엔
他**不用**住院。　　　그는 입원할 필요가 없어.
Tā búyòng zhùyuàn.

7 우어 진 티엔 부 용 지아 빤
我今天**不用**加班。　　나는 오늘 야근할 필요가 없어.
Wǒ jīntiān búyòng jiābān.

8 우어 먼 데이 션 머 스 허우 따오 지 챵
我们**得什么时候**到机场?　　우리는 언제 공항에 도착해야 하니?
Wǒmen děi shénme shíhou dào jīchǎng?

9 우어 먼 씨엔 짜이 데이 전 머 빤
我们现在**得怎么办**?　　우리는 지금 어떻게 해야 하니?
Wǒmen xiànzài děi zěnme bàn?

10 우어 먼 데이 취 지 거 런
我们**得**去**几**个人?　　우리는 몇 명이 가야 하니?
Wǒmen děi qù jǐ ge rén?

실전처럼 말해봐요!

이유진 医生，我什么时候能出院？
Yīshēng, wǒ shénme shíhou néng chūyuàn?

의사 您下周能出院。
Nín xià zhōu néng chūyuàn.

이유진 出院后我要注意什么？
Chūyuàn hòu wǒ yào zhùyì shénme?

의사 您得少喝酒，多休息。
Nín děi shǎo hē jiǔ, duō xiūxi.

새 단어

- 注意 zhùyì 동 주의하다, 조심하다

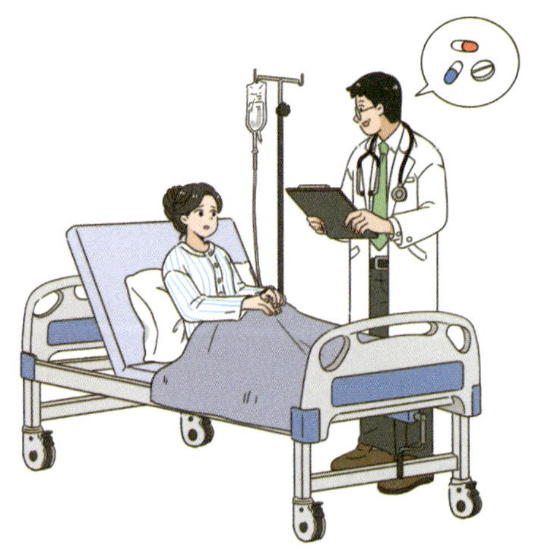

🎙 **한국어 뜻만 보고, 중국어로 말하는 연습을 해 보세요!**

이유진 의사 선생님, 저 언제 퇴원할 수 있나요?
의사 다음 주에 퇴원할 수 있으세요.
이유진 퇴원 후에 제가 무엇을 주의해야 하나요?
의사 술을 적게 마시고, 많이 쉬어야 해요.

💡 **중국어 더 알아봐요!**　**병원 관련 용어**

挂号 guàhào 접수하다	量体温 liáng tǐwēn 체온을 재다	看病/看医生 kànbìng / kàn yīshēng 진료를 받다	检查 jiǎnchá 검사하다
处方 chǔfāng 처방을 내리다	住院 zhùyuàn 입원하다	出院 chūyuàn 퇴원하다	做手术 zuò shǒushù 수술하다

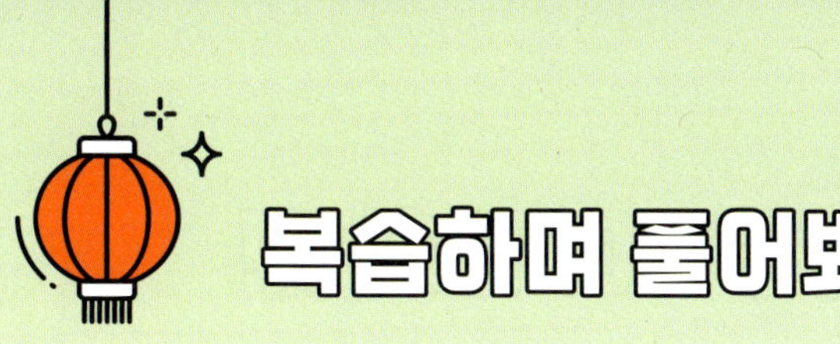

복습하며 풀어봐요!

1 녹음을 듣고 다음 대화를 완성해 보세요.

Ⓐ 出院后我要 ＿＿＿＿＿＿＿＿？

[해석] ＿＿＿＿＿＿＿＿＿＿＿＿＿＿＿＿＿＿

Ⓑ 您得 ＿＿＿＿＿＿＿＿＿，＿＿＿＿＿＿＿＿＿。

[해석] ＿＿＿＿＿＿＿＿＿＿＿＿＿＿＿＿＿＿

2 다음 <보기>를 보고 빈칸에 알맞은 단어를 골라 써 보세요.

| 보기 | 到 | 练习 | 不用 |

❶ 你得好好 ＿＿＿＿＿。　　　　너는 열심히 연습해야 해.

❷ 你 ＿＿＿＿＿ 打针。　　　　너는 주사를 맞을 필요가 없어.

❸ 我们得什么时候 ＿＿＿＿＿ 机场?　　우리는 언제 공항에 도착해야 하니?

3 다음 제시된 단어를 올바르게 배열해 보세요.

❶ 得 / 快点儿 / 我们 / 做决定　　우리는 좀 빨리 결정 해야 해.

▶ ＿＿＿＿＿＿＿＿＿＿＿＿＿＿＿＿。

❷ 等 / 不用 / 你 / 我　　너는 나를 기다릴 필요가 없어.

▶ ＿＿＿＿＿＿＿＿＿＿＿＿＿＿＿＿。

❸ 我们 / 现在 / 怎么办 / 得　　우리 지금 어떻게 해야 하니?

▶ ＿＿＿＿＿＿＿＿＿＿＿＿＿＿＿＿?

직접 쓰며 익히는 중국어 간화자!

得
HSK 3급
děi　　[조동] ~해야 한다

得得得得得得得得得得得

睡觉
HSK 1급
shuìjiào　　[동] 자다

睡睡睡睡睡睡睡睡睡睡睡睡睡
觉觉觉觉觉觉觉觉觉

机场
HSK 2급
jīchǎng　　[명] 공항

机机机机机机
场场场场场场

练习
HSK 3급
liànxí　　[명] 연습 [동] 연습하다

练练练练练练练练
习习习

决定
HSK 3급
juédìng　　[명] 결정 [동] 결정하다

决决决决决决
定定定定定定定定

住院

HSK 3급
zhùyuàn · 동 입원하다

注意

HSK 3급
zhùyì · 동 주의하다, 조심하다

解释

HSK 4급
jiěshì · 동 설명하다, 해명하다

打针

HSK 4급
dǎzhēn · 동 주사를 맞다, 주사를 놓다

加班

HSK 4급
jiābān · 동 야근하다, 초과 근무하다

숫자 표현

❶ 시간을 나타내는 표현

중국어로 '~시'는 '点 diǎn'이라고 하며, 시간을 물어볼 때는 '几点? jǐ diǎn? 몇 시예요?'라고 합니다.

1시	2시	3시	4시	5시	6시
一点 yī diǎn	两点 liǎng diǎn	三点 sān diǎn	四点 sì diǎn	五点 wǔ diǎn	六点 liù diǎn
7시	**8시**	**9시**	**10시**	**11시**	**12시**
七点 qī diǎn	八点 bā diǎn	九点 jiǔ diǎn	十点 shí diǎn	十一点 shíyī diǎn	十二点 shí'èr diǎn

❷ 분(分)을 나타내는 표현

중국어로 '~분'은 '分 fēn'이라고 하며, '분'까지 포함해 정확한 시간을 물을 때는 '几点几分? jǐ diǎn jǐ fēn? 몇 시 몇 분이에요?'라고 합니다.

1분	2분	3분	4분	5분
(零)一分 (líng) yī fēn	(零)二分 (líng) èr fēn	(零)三分 (líng) sān fēn	(零)四分 (líng) sì fēn	(零)五分 (líng) wǔ fēn
6분	**7분**	**8분**	**9분**	**10분**
(零)六分 (líng) liù fēn	(零)七分 (líng) qī fēn	(零)八分 (líng) bā fēn	(零)九分 (líng) jiǔ fēn	十分 shí fēn
15분	**20분**	**30분**	**45분**	**50분**
十五分 shíwǔ fēn 一刻 yíkè	二十分 èrshí fēn	三十分 sānshí fēn 半 bàn	四十五分 sìshíwǔ fēn 三刻 sānkè	五十分 wǔshí fēn

 10 이하의 수는 앞에 '零 líng'을 붙여 말하기도 해요.

❸ **월(月)을 나타내는 표현**

중국어로 '월'은 '月 yuè'라고 하며, '월'을 물을 때는 '几月? jǐ yuè? 몇 월이에요?'라고 합니다.

1월	2월	3월	4월	5월	6월
一月 yī yuè	二月 èr yuè	三月 sān yuè	四月 sì yuè	五月 wǔ yuè	六月 liù yuè
7월	**8월**	**9월**	**10월**	**11월**	**12월**
七月 qī yuè	八月 bā yuè	九月 jiǔ yuè	十月 shí yuè	十一月 shíyī yuè	十二月 shí'èr yuè

❹ **일(日)을 나타내는 표현**

중국어로 '일'은 구어체로 '号 hào', 문어체로 '日 rì'라고 합니다. 날짜를 물을 때는 '几月几号? jǐ yuè jǐ hào? 몇 월 며칠이에요?'라고 합니다.

1일	2일	3일	4일	5일	6일
一号 yī hào	二号 èr hào	三号 sān hào	四号 sì hào	五号 wǔ hào	六号 liù hào
7일	**8일**	**9일**	**10일**	**11일**	**12일**
七号 qī hào	八号 bā hào	九号 jiǔ hào	十号 shí hào	十一号 shíyī hào	十二号 shí'èr hào
13일	**14일**	**15일**	**16일**	**17일**	**18일**
十三号 shísān hào	十四号 shísì hào	十五号 shíwǔ hào	十六号 shíliù hào	十七号 shíqī hào	十八号 shíbā hào
19일	**20일**	**21일**	**22일**	**23일**	**24일**
十九号 shíjiǔ hào	二十号 èrshí hào	二十一号 èrshíyī hào	二十二号 èrshí'èr hào	二十三号 èrshísān hào	二十四号 èrshísì hào
25일	**26일**	**27일**	**28일**	**29일**	**30일**
二十五号 èrshíwǔ hào	二十六号 èrshíliù hào	二十七号 èrshíqī hào	二十八号 èrshíbā hào	二十九号 èrshíjiǔ hào	三十号 sānshí hào
31일					
三十一号 sānshíyī hào					

5 중국의 화폐 단위

중국 화폐의 기본 단위는 구어체로 '块 kuài', 문어체로는 '元 yuán'이라고 합니다.

1위안	2위안	3위안	4위안	5위안
一块 yí kuài	两块 liǎng kuài	三块 sān kuài	四块 sì kuài	五块 wǔ kuài
6위안	**7위안**	**8위안**	**9위안**	**10위안**
六块 liù kuài	七块 qī kuài	八块 bā kuài	九块 jiǔ kuài	十块 shí kuài
20위안	**50위안**	**100위안**	**150위안**	**200위안**
二十块 èrshí kuài	五十块 wǔshí kuài	一百块 yìbǎi kuài	一百五十块 yìbǎi wǔshí kuài	两百块 liǎngbǎi kuài
300위안	**400위안**	**500위안**	**600위안**	**700위안**
三百块 sānbǎi kuài	四百块 sìbǎi kuài	五百块 wǔbǎi kuài	六百块 liùbǎi kuài	七百块 qībǎi kuài
800위안	**900위안**	**1,000위안**	**10,000위안**	
八百块 bābǎi kuài	九百块 jiǔbǎi kuài	一千块 yìqiān kuài	万块 yíwàn kuài	

❶ 인칭 표현

중국어의 인칭 표현은 1인칭, 2인칭, 3인칭으로 구분되며, 단수 뒤에 '们 men'을 붙여 복수를 만듭니다.

	단수	복수
1인칭	我 wǒ 나	我们 wǒmen 우리(들)
2인칭	你 nǐ 너 您 nín 당신[你 nǐ의 존칭어]	你们 nǐmen 너희(들)
3인칭	他 tā 그(사람)	他们 tāmen 그들
	她 tā 그녀	她们 tāmen 그녀들

❷ 가족 호칭 표현

중국도 우리나라와 마찬가지로 가족 구성원을 부르는 호칭이 세분화되어 있으므로, 상황에 맞게 구분해서 사용해야 합니다.

친할아버지	爷爷 yéye	외할아버지	外公 wàigōng 姥爷 lǎoye
친할머니	奶奶 nǎinai	외할머니	外婆 wàipó 姥姥 lǎolao
아빠, 아버지	爸爸 bàba	엄마, 어머니	妈妈 māma
남편	丈夫 zhàngfu 老公 lǎogōng	아내, 부인	妻子 qīzi 老婆 lǎopo
아들	儿子 érzi	딸	女儿 nǚ'ér
형(오빠)	哥哥 gēge	누나(언니)	姐姐 jiějie
남동생	弟弟 dìdi	여동생	妹妹 mèimei

UNIT 01 029p

1

❶ 我很好。
나는 좋아.(나는 잘 지내.)

❷ 我不困。
나는 졸리지 않아.

❸ 你累吗?
너는 피곤하니?

❹ 好久不见!
오랜만이야!

2

❶ 天气很热。
❷ 我不饿。
❸ 他高吗?

3

Ⓐ 你最近好吗?
Nǐ zuìjìn hǎo ma?

Ⓑ 我最近很忙。
Wǒ zuìjìn hěn máng.

UNIT 02 037p

1

❶ 我学汉语。
나는 중국어를 공부해.

❷ 我不去学校。
나는 학교에 가지 않아.

❸ 她买衣服吗?
그녀는 옷을 사니?

❹ 我请你。
제가 살게요.

2

❶ 我看书。
❷ 他不来公司。
❸ 你认识她吗?

3

Ⓐ 我吃面包，你呢?
Wǒ chī miànbāo, nǐ ne?

Ⓑ 我不吃面包。
Wǒ bù chī miànbāo.

1

1 我是学生。
나는 학생이야.

2 他们不是韩国人。
그들은 한국인이 아니야.

3 她是医生吗?
그녀는 의사니?

4 你好年轻啊!
당신 진짜 어려 보이네요!

2

1 他们是朋友。
2 我不是咖啡师。
3 你是中国人吗?

3

Ⓐ 她是谁?
Tā shì shéi?

Ⓑ 她是老师。
Tā shì lǎoshī.

1

1 这是外衣。
이것은 코트야.

2 这儿不是咖啡厅。
이곳은 카페가 아니야.

3 那是中国菜吗?
저것은 중국 음식이니?

4 好热啊!
진짜 더워!

2

1 这是风扇。
2 那儿不是卫生间。
3 这是手机吗?

3

Ⓐ 那是什么?
Nà shì shénme?

Ⓑ 那是雨伞。
Nà shì yǔsǎn.

녹음 대본 및 정답

1

❶ 这是我的书。
이것은 내 책이야.

❷ 那是他的衣服。
저것은 그의 옷이야.

❸ 这不是我的杯子。
이것은 내 컵이 아니야.

❹ 我(的)姐姐很漂亮。
우리 누나(언니)는 예뻐.

2

❶ 这是爸爸的车。
❷ 她是我(的)好朋友。
❸ 那是你的卡吧?

3

Ⓐ 那是他的快递吧?
Nà shì tā de kuàidì ba?

Ⓑ 那不是他的，是我的。
Nà bú shì tā de, shì wǒ de.

1

❶ 她有约会。
그녀는 약속이 있어.

❷ 我没有钱。
나는 돈이 없어.

❸ 你有支付宝吗?
너는 알리페이가 있니?

❹ 我的手机是三星的。
내 휴대 전화는 삼성 거야.

2

❶ 我有充电宝。
❷ 他没有女朋友。
❸ 你有事吗?

3

Ⓐ 你有什么问题?
Nǐ yǒu shénme wèntí?

Ⓑ 我没有问题。
Wǒ méiyǒu wèntí.

1

❶ 我在银行。
나는 은행에 있어.

❷ 他在商店。
그는 상점에 있어.

❸ 他们不在便利店。
그들은 편의점에 있지 않아.

❹ 这家店在市中心。
이 가게는 시내에 있어.

2

❶ 他在楼下。
❷ 我不在补习班。
❸ 爸爸在停车场吗?

3

Ⓐ 你现在在哪儿?
Nǐ xiànzài zài nǎr?

Ⓑ 我现在在学校。
Wǒ xiànzài zài xuéxiào.

1

❶ 爸爸在不在家?
아빠는 집에 계시니, 안 계시니?

❷ 汉语难不难?
중국어는 어렵니, 안 어렵니?

❸ 电视剧好不好看?
드라마는 재미있니, 재미없니?

❹ 今天有没有课?
오늘은 수업이 있니, 없니?

2

❶ 你是不是学生?
❷ 你吃不吃芒果?
❸ 他有没有耳机?

3

Ⓐ 你去不去食堂?
Nǐ qù bu qù shítáng?

Ⓑ 我现在去食堂。
Wǒ xiànzài qù shítáng.

UNIT 09 093p

1

❶ 你坐公交车还是打车?

너는 버스 타니, 아니면 택시 타니?

❷ 你出去还是在家?

너는 나갈래, 아니면 집에 있을래?

❸ 你要热的还是冰的?

너는 따뜻한 걸로 할래, 아니면 차가운 걸로 할래?

❹ 我洗大衣，干洗。

코트 세탁이요, 드라이클리닝으로요.

2

❶ 我们去这家店还是那家店?

❷ 你喝咖啡还是奶茶?

❸ 我们吃包子还是饺子?

3

Ⓐ 他是韩国人还是中国人?

Tā shì Hánguó rén háishi Zhōngguó rén?

Ⓑ 他是韩国人。

Tā shì Hánguó rén.

UNIT 10 101p

1

❶ 你坐几号线地铁?

너는 몇 호선 지하철을 타니?

❷ 你们班在几楼?

너희 반은 몇 층에 있니?

❸ 我们要四杯咖啡。

커피 네 잔 주문할게요.

❹ 他像他爸爸。

그는 아빠를 닮았어요.

2

❶ 我坐五号线地铁。

❷ 我们班在三楼。

❸ 你家有几口人?

3

Ⓐ 你有兄弟姐妹吗?

Nǐ yǒu xiōngdì jiěmèi ma?

Ⓑ 我没有，我是独生子。

Wǒ méiyǒu, wǒ shì dúshēngzǐ.

<table>
<tr><td>

1

❶ 你几岁?

너는 몇 살이니?

❷ 他今年七十七岁。

그는(그분은) 올해 일흔일곱 살이셔.

❸ 你今年多大?

너는 올해 몇 살이니? /
당신은 올해 나이가 어떻게 되나요?

❹ 咱俩一样啊!

우리 둘이 똑같네요!

2

❶ 你爷爷多大年纪?
❷ 我一米八五。
❸ 我们同岁呀!

3

Ⓐ 你今年多大?

Nǐ jīnnián duō dà?

Ⓑ 我今年二十九岁。

Wǒ jīnnián èrshíjiǔ suì.

</td><td>

1

❶ 现在两点零五分。

지금은 2시 5분이야.

❷ 现在不是五点半。

지금은 5시 반이 아니야.

❸ 会议十点一刻开始。

회의는 10시 15분에 시작해.

❹ 我们几点上课?

우리 몇 시에 수업하니?

2

❶ 现在八点五分。
❷ 你坐几点的飞机?
❸ 我们先买杯咖啡吧。

3

Ⓐ 我们几点出发?

Wǒmen jǐ diǎn chūfā?

Ⓑ 我们四点五十(分)出发。

Wǒmen sì diǎn wǔshí (fēn) chūfā.

</td></tr>
</table>

녹음 대본 및 정답

1

① 明天一月十五号。
내일은 1월 15일이야.

② 我三月十一号去中国。
나는 3월 11일에 중국 가.

③ 十月一号是什么日子?
10월 1일은 무슨 날이니?

④ 没事儿，不用接。
괜찮아, 안 데리러 와도 돼.

2

① 你几号去韩国?
② 十二月二十五号是圣诞节。
③ 演唱会(是)二月十二号。

3

Ⓐ 你几月几号回国?
Nǐ jǐ yuè jǐ hào huí guó?

Ⓑ 我四月二十九号回国。
Wǒ sì yuè èrshíjiǔ hào huí guó.

1

① 情人节(是)星期二。
밸런타인데이는 화요일이야.

② 我下周三出差。
나는 다음 주 수요일에 출장 가.

③ 他这周过生日吗?
그는 이번 주에 생일을 보내니?

④ 下个星期五是休息日。
다음 주 금요일이 휴일이야.

2

① 今天星期几?
② 我周一有考试。
③ 星期天/星期日朋友来我家。

3

Ⓐ 你周末做什么?
Nǐ zhōumò zuò shénme?

Ⓑ 我周末可能和朋友爬山。
Wǒ zhōumò kěnéng hé péngyou páshān.

<table>
<tr><td>

1

❶ 我们什么时候出发?

우리는 언제 출발하니?

❷ 老板每天下午上班。

사장님은 매일 오후에 출근하셔.

❸ 他下周一出院。

그는 다음 주 월요일에 퇴원해.

❹ 我读研究生。

나는 대학원에 다녀.(다닐 거야.)

2

❶ 你什么时候休假?

❷ 毕业后找工作吗?

❸ 活动今天晚上结束。

3

Ⓐ 你什么时候毕业?

Nǐ shénme shíhou bìyè?

Ⓑ 我明年毕业。

Wǒ míngnián bìyè.

</td><td>

1

❶ 这个包多少钱?

이 가방은 얼마예요?

❷ 包子两毛五(分)一个。

찐빵 한 개에 2마오 5펀이에요.

❸ 这个玩具打五折。

이 장난감은 50% 할인해요.

❹ 这个羊毛大衣。

이 옷은 울 코트예요.

2

❶ 那双运动鞋多少钱?

❷ 这件衣服打七折。

❸ 这个十五块八毛。

3

Ⓐ 会员打几折?

Huìyuán dǎ jǐ zhé?

Ⓑ 会员打八折，800块。

Huìyuán dǎ bā zhé, bābǎi kuài.

</td></tr>
</table>

녹음 대본 및 정답

UNIT 17 159p

1

❶ 我们吃(一)点儿吧。

우리 뭐 좀 먹자.

❷ 你慢(一)点儿说吧。

너 천천히 좀 말해.

❸ 再给我(一)点儿水吧。

저 물 좀 더 주세요.

❹ 我要一杯冰美式，带走。

아이스 아메리카노 한 잔 주세요,
테이크아웃할게요.

2

❶ 你们小(一)点儿声。

❷ 你们小心(一)点儿。

❸ 你少喝(一)点儿酒吧。

3

Ⓐ 要大杯还是小杯？

Yào dà bēi háishi xiǎo bēi?

Ⓑ 大杯，少放(一)点儿冰。

Dà bēi, shǎo fàng (yì)diǎnr bīng.

UNIT 18 167p

1

❶ 这个菜又辣又咸。

이 음식은 맵고 짜.

❷ 今天又冷风又大。

오늘은 춥고 바람도 많이 불어.

❸ 鸡蛋又好吃又健康。

달걀은 맛있고 건강해.

❹ 地铁又快又方便。

지하철은 빠르고 편리해.

2

❶ 这儿又凉快又舒服。

❷ 这条路又近车又少。

❸ 您好，几位？

3

Ⓐ 你最近怎么样？

Nǐ zuìjìn zěnmeyàng?

Ⓑ 我最近又忙又累。

Wǒ zuìjìn yòu máng yòu lèi.

1

❶ 你洗洗头吧。
너 머리 좀 감아.

❷ 我们休息休息吧。
우리 좀 쉬자.

❸ 他不胖不瘦。
그는 뚱뚱하지도 않고 마르지도 않아.

❹ 我们出去散散步吧。
우리 산책 좀 하러 나가자.

2

❶ 你尝尝这个菜吧。
❷ 你打扫打扫房间吧。
❸ 你有时间我们聊聊天吧。

3

Ⓐ 这双鞋好像小呢。
Zhè shuāng xié hǎoxiàng xiǎo ne.

Ⓑ 您试试这双吧。
Nín shìshi zhè shuāng ba.

1

❶ 妈妈开车去超市。
엄마는 운전해서 마트에 가셔.

❷ 他用手机发短信。
그는 휴대 전화로 문자 메시지를 보내.

❸ 你上网买衣服吗?
너는 인터넷으로 옷을 사니?

❹ 我来叫车吧。
제가 택시를 부를게요.

2

❶ 我听网课学习汉语。
❷ 我不去星巴克喝咖啡。
❸ 我们怎么去饭店?

3

Ⓐ 你怎么去学校?
Nǐ zěnme qù xuéxiào?

Ⓑ 我坐公交车去学校。
Wǒ zuò gōngjiāochē qù xuéxiào.

UNIT 21 — 191p

1

Ⓐ 王老师教你什么?
왕 선생님은 너에게 무엇을 가르치시니?

Ⓑ 王老师教我汉语。
왕 선생님은 나에게 중국어를 가르쳐 주셔.

2

❶ 我可能给妈妈零花钱。
❷ 爸爸不给我红包。
❸ 他经常问我数学问题。

3

❶ 我周末还你伞。
❷ 她不告诉我们那个秘密。
❸ 老师通知我们考试范围。

UNIT 22 — 199p

1

Ⓐ 我的新衣服好看吗?
내 새 옷 예뻐?

Ⓑ 我觉得很好看，很适合你。
나는 예쁘다고 생각해, 너한테 잘 어울려.

2

❶ 我觉得他很浪漫。
❷ 他们觉得我年纪小。
❸ 你觉得T恤的颜色怎么样?

3

❶ 妈妈觉得我很懂事。
❷ 我觉得她不喜欢我。
❸ 大家觉得这件事怎么样?

1

Ⓐ 这部电影怎么样?

이 영화 어때?

Ⓑ 听说这部电影很好看。

이 영화 재미있다고 들었어.

2

❶ 姐姐打算买房。
❷ 我打算学开车。
❸ 你寒假打算做什么?

3

❶ 她打算换工作。
❷ 他不打算相亲。
❸ 你打算什么时候结婚?

1

Ⓐ 我想去香港旅行。

나는 홍콩으로 여행 가고 싶어.

Ⓑ 我也想去。

我们先看看机票吧。

나도 가고 싶어. 우리 먼저 비행기표 좀 보자.

2

❶ 我想办会员卡。
❷ 我想当老师。
❸ 你想去逛街吗?

3

❶ 他今天想吃汉堡。
❷ 我不想离开家。
❸ 你想不想喝啤酒?

UNIT 25   223p

1

Ⓐ 这儿能用微信支付吗?

여기는 위챗 페이를 쓸 수 있나요?

Ⓑ 能，扫码吧。

네(쓸 수 있어요), QR 코드를 스캔하세요.

2

❶ 我能修电脑。

❷ 不要香菜。

❸ 你能不能帮我一下?

3

❶ 快递明天能到。

❷ 他现在不能出院。

❸ 你能不能接电话?

UNIT 26   231p

1

Ⓐ 你不舒服吗?

몸이 안 좋으세요?

Ⓑ 我消化不良，肚子很疼。

저 소화가 안 되고 배가 많이 아파요.

2

❶ 您可以放心。

❷ 这儿不可以拍照。

❸ 我可不可以借这本书?

3

❶ 这些菜可以打包。

❷ 您可以试试这条裙子。

❸ 这儿不可以抽烟。

1

Ⓐ 你会滑雪吗?

당신은 스키 탈 줄 아나요?

Ⓑ 我不会，我老家不下雪。

저는 탈 줄 몰라요,
우리 고향에는 눈이 안 오거든요.

2

❶ 我会弹钢琴。
❷ 我们明天会再来的。
❸ 他会不会喜欢这个礼物?

3

❶ 我会好好学的。
❷ 我不会用这个软件。
❸ 你会游泳吗?

1

Ⓐ 这些都是你的快递吗?

이것들은 다 네 택배니?

Ⓑ 是啊，淘宝打折，很便宜啊。

응, 타오바오에서 할인을 해서, 엄청 싸.

2

❶ 你应该多运动。
❷ 电梯应该在前面。
❸ 你不应该浪费时间。

3

❶ 你应该去医院看医生。
❷ 学生不应该逃课。
❸ 那我应该几点来?

녹음 대본 및 정답

UNIT 29 255p

1

Ⓐ 下次我要拍做菜的视频。
다음에는 내가 요리하는 영상을 찍을 거야.

Ⓑ 那我也要点赞。
그러면 나도 '좋아요'를 누를래.

2

❶ 你要多喝热水。
❷ 我不想吃海鲜。
❸ 姐姐周日也要工作吗?

3

❶ 我要买高铁票。
❷ 我不想打扫房间。
❸ 你不要玩儿手机。

UNIT 30 263p

1

Ⓐ 出院后我要注意什么?
퇴원 후에 제가 무엇을 주의해야 하나요?

Ⓑ 您得少喝酒，多休息。
술을 적게 마시고, 많이 쉬어야 해요.

2

❶ 你得好好练习。
❷ 你不用打针。
❸ 我们得什么时候到机场?

3

❶ 我们得快点儿做决定。
❷ 你不用等我。
❸ 我们现在得怎么办?

한어병음 성모·운모 결합표

	a	o	e	i (-i)	u	ü	ai	ao	an	ang	ou	ong	ei	en	eng	er	ia	ie	iao
b	ba	bo		bi	bu		bai	bao	ban	bang			bei	ben	beng			bie	biao
p		po		pi	pu		pai	pao	pan	pang	pou		pei	pen	peng			pie	piao
m		mo	me	mi	mu		mai	mao	man	mang	mou		mei	men	meng			mie	miao
f	fa	fo			fu				fan	fang	fou		fei	fen	feng				
d	da		de	di	du		dai	dao	dan	dang	dou	dong	dei	den	deng			die	diao
t	ta		te	ti	tu		tai	tao	tan	tang	tou	tong			teng			tie	tiao
n	na		ne	ni	nu	nü	nai	nao	nan	nang	nou	nong	nei	nen	neng			nie	niao
l	la		le	li	lu	lü	lai	lao	lan	lang	lou	long	lei		leng		lia	lie	liao
g	ga		ge		gu		gai	gao	gan	gang	gou	gong	gei	gen	geng				
k	ka		ke		ku		kai	kao	kan	kang	kou	kong	kei	ken	keng				
h	ha		he		hu		hai	hao	han	hang	hou	hong	hei	hen	heng				
j				ji		ju											jia	jie	jiao
q				qi		qu											qia	qie	qiao
x				xi		xu											xia	xie	xiao
z	za		ze	zi	zu		zai	zao	zan	zang	zou	zong	zei	zen	zeng				
c	ca		ce	ci	cu		cai	cao	can	cang	cou	cong		cen	ceng				
s	sa		se	si	su		sai	sao	san	sang	sou	song		sen	seng				
zh	zha		zhe	zhi	zhu		zhai	zhao	zhan	zhang	zhou	zhong	zhei	zhen	zheng				
ch	cha		che	chi	chu		chai	chao	chan	chang	chou	chong		chen	cheng				
sh	sha		she	shi	shu		shai	shao	shan	shang	shou		shei	shen	sheng				
r			re	ri	ru			rao	ran	rang	rou	rong		ren	reng				
성모가 없을 때	a	o	e	yi	wu	yu	ai	ao	an	ang	ou		ei	en	eng	er	ya	ye	yao

※ 맨 아래 부분의 음절은 단독으로 쓰일 때의 표기입니다.

※ ☐ 부분은 한어병음 표기법 또는 발음에 주의해야 할 음절입니다.

※ 감탄사에 나타나는 특수한 음절(ng, hm, hng 등)은 생략했습니다.

iou (iu)	ian	iang	iong	in	ing	ua	uo	uai	uan	uang	uei (ui)	uen (un)	ueng	üe	üan	ün
miu	bian pian mian			bin pin min	bing ping ming											
diu niu liu	dian tian nian lian	niang liang		nin lin	ding ting ning ling		duo tuo nuo luo		duan tuan nuan luan		dui tui	dun tun lun		nüe lüe		
						gua kua hua	guo kuo huo	guai kuai huai	guan kuan huan	guang kuang huang	gui kui hui	gun kun hun				
jiu qiu xiu	jian qian xian	jiang qiang xiang	jiong qiong xiong	jin qin xin	jing qing xing									jue que xue	juan quan xuan	jun qun xun
							zuo cuo suo		zuan cuan suan		zui cui sui	zun cun sun				
						zhua chua shua rua	zhuo chuo shuo ruo	zhuai chuai shuai	zhuan chuan shuan ruan	zhuang chuang shuang	zhui chui shui rui	zhun chun shun run				
you	yan	yang	yong	yin	ying	wa	wo	wai	wan	wang	wei	wen	weng	yue	yuan	yun